대한민국 청년외교단
애국부인회 참여인물 연구

대한민국 청년외교단 애국부인회 참여인물 연구

초판 1쇄 발행 2019년 12월 30일

저　자 ｜ 김인식 · 조은경 · 황민호 · 윤정란
편　자 ｜ 민세안재홍선생기념사업회
발행인 ｜ 윤관백
발행처 ｜ 도서출판 선인

등록 ｜ 제5-77호(1998.11.4)
주소 ｜ 서울시 마포구 마포동 324-1 곳마루 B/D 1층
전화 ｜ 02)718-6252 / 6257　　팩스 ｜ 02)718-6253
E-mail ｜ sunin72@chol.com
Homepage ｜ www.suninbook.com

정가 15,000원
ISBN 979-11-6068-328-8 94900
　　　978-89-5933-496-4 (세트)

· 잘못된 책은 바꿔 드립니다.

※이 책은 평택시의 후원으로 제작하였습니다.

민세학술연구총서 009

대한민국 청년외교단
애국부인회 참여인물 연구

김인식 · 조은경 · 황민호 · 윤정란 지음
민세안재홍선생기념사업회 편

책머리에

올해는 3·1민족운동이 일어나고 대한민국임시정부(이하 임시정부)가 건립된 지 100주년이 되는 해이다. '3·1정신'과 한국 역사상 최초의 민주공화정부였던 임시정부 건립의 의의를 짚어보는 기념행사와 학술대회들이 전국 여러 곳 여러 방면에서 다채롭게 열렸다. 민세안재홍선생기념사업회는 한 해 앞서 '1919년'의 의미를 되새겨 보았다. 이 책에 게재되는 논문들은 '1919년 대한민국 청년외교단·대한민국 애국부인회 항일운동 99주년'을 맞아, 2018년 8월 20일 민세안재홍선생기념사업회가 기획·주관(국가보훈처·대한민국임시정부기념사업회 등이 후원)한 「제12회 민세학술대회: 대한민국 청년외교단·애국부인회 참여 인물 재조명」의 결과물이다. 이 날 학술대회는 안재홍·연병호·김마리아·황애덕 네 분 선열들의 1919년의 활동상을 집중 조명하였다.

"유구한 역사와 전통에 빛나는 우리들 대한국민은 기미 삼일운동으로 대한민국을 건립하여 세계에 선포한 위대한 독립정신을 계승하여 이제 민주독립을 재건"하였다는 제헌헌법 전문의 첫 구절은, 대한민국 구성원 모두가 공유하는 역사의식이다. 안재홍 선생(이하 각 인물들의 존칭 생략)도 3·1민족운동으로 임시정부가 건립되었고, 이것이 다시 대한민국 재건으로 이어졌다는 계기성과 연속성을 중시하였다. 그가 자신이 참여하였던 대한민국청년외교단(이하 청년외교단) 활동을 '기미운동'으로 표현한 이유였다.

한국민족운동사에서 굵직한 자취를 남긴 인물들은 3·1민족운동을 경유하면서 '코페르니쿠스의 전환'을 동반하였다. 이 책에서 다루는 네 분 민족지사들도 예외는 아니었다. 3·1민족운동은 이분들을 임시정부와 연결시켰고, 이후 민족운동의 한 가운데 서게 하였다.

1919년 4월 11일 상하이에 임시정부가 수립되자, 연병호는 국내에 임시정부의 외교활동을 지원할 항일단체를 조직할 목적으로 입국하여, 같은 해 6월 서울에서 비밀결사 청년외교단 결성을 주도하였다. 안재홍은 이해 7월 연병호가 추천하여 청년외교단의 총무로 추대된 뒤 단체의 활동을 지도하였다.

대한민국애국부인회(이하 애국부인회)는 임시정부와 연계한 뒤, 1919년 6월 두 개의 애국부인회를 통합하여 대조선독립애국부인회로 재출발한 항일비밀결사였다. 같은 해 8월 3·1민족운동으로 투옥되었던 김마리아와 황애덕이 출옥하자, 10월에는 김마리아를 회장으로 황애덕(일명 황에스더)을 총무로 선임하고 조직을 재정비함으로써 부진한 국내 여성독립운동의 중심으로 나섰다.

청년외교단과 애국부인회는 서로 연계하여 활동하다가, 1919년 11월 두 단체가 일경(日警)에 함께 발각되어 같은 사건으로 검거되었다. 이 사건으로 재판에 회부된 주동자 25명 가운데 19명이 20살 이상 30살 이하의 '꽃 같은'(당시 신문의 표현) 나이였다. 두 단체의 주도자였던 안재홍·연병호(1919년 10월 중국으로 다시 망명하였으므로 궐석 재판)·김마리아·황애덕은 모두 징역 3년의 중형을 받았다.

책에 수록된 논문들을 요약하여 소개하고자 한다.

김인식은 「안재홍의 1919년-대한민국청년외교단에 참여하는 과정과 활동상」에서, 안재홍이 청년외교단에 참여한 배경과 계기를 고찰하였다. 먼저 안재홍이 조선산직장려계 사건으로 중앙학교를 사임한 뒤, 낙향하여 시국대책을 강구하는 과정에서 3·1민족운동의 조직화 과정을 전문하는 한편, 향리 주변에서 일어나는 만세시위운동을 목격함으로써 민족운동에 한복판에 나서게 되는 배경을 검토하였다. 이어 안재홍이 청년외교단에 가입하는 직접 계기와 시점 및 활동상을 살펴본 뒤, 청년외교단을 배달청년단으로 확대 개편하려고 시도하던 도중에 피검되는 과정을 서술하였다.

조은경의 「연병호와 대한민국청년외교단 활동」은, 해외에서 독립운동에 투신한 연병호의 생애 중 청년외교단 활동이, 그가 처음 시작한 독립운동이자 국내에서 전개한 유일한 항일운동이었음을 부각시켰다. 청년외교단은 1919년 5·6월부터 11월까지 비록 7개월 간 존속하였지만, 국내에서 임시정부에 거는 기대가 어느 때보다 높고 임시정부에서도 국내와 연계하려고 힘을 쏟던 상황에서 임시정부를 지원할 목적으로 조직되었다. 이 논문은 이러한 의의를 강조하면서, 청년외교단 결성을 주도하고, 임시정부와 연결시킨 연병호의 주도력과 비중을 새롭게 평가해야 한다고 주장하였다.

황민호는 「김마리아의 국내에서의 독립운동과 대한민국애국부인회」에서, 김마리아는 3·1민족운동을 전후하여 국내외를 통해 가장 활발하게 독립운동을 전개했던 여성독립운동가였음을 강조하였다. 이 논문은 3·1민족운동의 촉매제가 되었던 2·8독립선언에서 김마리아의 활동과 귀국, 그가 상하이로 탈출하기 이전 국내에서 전개했던 3·1민족운동과 애국부인회 활동을 상고하였다. 김마리아가 일제에 검거된 뒤 혹독한 고문 속에서도 의기를 잃지 않고 견뎌냈던 고통의 시간들은, 그의 민족정신과 투쟁의지가 강인하였기에 가능하였다고 평가했다

윤정란은 「황애덕과 대한민국애국부인회」에서, 황애덕이 민족운동가로서 활동할 수 있었던 배경을 분석하였다. 황애덕은 민족운동의 분위기가 강하였던 평양에서 성장하는 과정을 거쳐, 기독교와 만남으로써 굳은 신념을 갖게 되었고, 평양 최초의 여학교인 정신학교에 이어 서울의 이화학당에서 근대교육을 받았다. 이 논문은 황애덕이 이러한 환경에서 민족운동가로 발전하여 송죽결사대를 직접 조직하고, 동경 2·8독립선언식과 3·1민족운동에 참여하였으며, 애국부인회 활동을 주도하는 과정을 살펴보았다.

민세안재홍선생기념사업회는 '민세 정신'의 선양을 목적하고, 민세학(民世學) 정립을 제창하며 창립된 뒤, 안재홍을 역사 속의 맥락에서 객관화시키려는 작업의 일환으로 지금까지 모두 12회에 걸쳐 학술대회를 개최하였다. 이 책 역시 청년외교단과 애국부인회의 주도 인물이었던 안재홍·연병호·김마리아·황애덕의 1919년 민족운동을 심층 규명함으로써 민세학의 외연을 한 폭 더 넓히는 동시에, 한국민족운동사 연구에도 일조하였다고 자부한다.

『민세학술연구총서』 9권을 상재하면서, 지난해 제12회 민세학술대회에 참여하여 발표와 토론을 맡아주신 여러 선생님들께 진심으로 감사를 드린다. 민세연구총서의 책들은 '민세 정신'의 선양과 재조명 사업에 애정을 아끼지 않는 평택시의 한결같은 후원에 힘입었다. 민세안재홍선생기념사업회의 황우갑 사무국장은 사업회가 창립된 이후 늘 그러하였듯이, 본 총서의 기획을

비롯하여 마지막 교정까지 힘쓰셨다. 도서출판 선인의 윤관백 사장님은 2011년부터 사업회와 좋은 인연을 맺고 매년 『민세학술연구총서』를 발간해 주셨다. 사장님과 편집기획자 여러분께도 깊은 감사의 뜻을 전한다.

2019년 11월 27일

청년외교단과 애국부인회 활동에

젊음을 바친 선열들의 뜻을 되새기며

민세학술연구총서 9권 편집위원 대표 김인식 삼가 씀

차례 | 대한민국 청년외교단 애국부인회 참여인물 연구

책머리에　5

▍안재홍의 1919년–대한민국청년외교단에 참여하는 과정과 활동상 / 김인식
1. 머리말 ··· 15
2. 1919년 전반기: 대한민국청년외교단에 참여한 배경·계기 ············· 19
　1) 낙향과 시국대책 강구 ·· 19
　2) 3·1민족운동, 傳聞과 목격 ·· 24
　3) 上京과 대한민국임시정부 소식 전문 ·· 34
3. 대한민국청년외교단 활동 ·· 46
　1) 가입 시점과 계기 ·· 46
　2) 활동 내용과 피검, 최초의 옥고 ··· 52
4. 맺음말 ··· 62

▍연병호와 대한민국청년외교단 활동 / 조은경
1. 머리말 ··· 69
2. 연병호의 생애와 대한민국청년외교단 결성 ······································ 71
3. 연병호의 청년외교단의 외연 확대와 임시정부와의 교류 시도 ······· 75
　1) 청년외교단 조직과 외연 확대 ·· 75
　2) 임시정부와의 교류 시도 ··· 78
4. 연병호의 청년외교단의 조직개편 시도 노력과 좌절 ························ 83
5. 맺음말 ··· 87

┃ 김마리아의 국내에서의 독립운동과 대한민국애국부인회 / 황민호

1. 머리말 ··· 93
2. 독립운동가계에서의 성장 ·· 96
3. 2·8독립선언과 3·1운동 참여 ··· 98
4. 대한민국애국부인회의 결성과 김마리아 ····················· 103
   1) 조직의 결성과 성격 ··· 103
   2) 혹독한 拷問과 上海로의 탈출 ································ 116
5. 맺음말 ··· 126

┃ 황애덕과 대한민국애국부인회 / 윤정란

1. 머리말 ··· 131
2. 성장배경 ··· 132
3. 송죽결사대의 조직과 활동 ·· 140
4. 대한민국애국부인회 조직과 활동 ································ 142
   1) 조직과 활동 ·· 142
   2) 대구형무소에서의 수형생활과 여죄수에 대한 계몽 활동 ·········· 150
5. 맺음말 ··· 154

안재홍의
1919년-대한민국청년외교단에
참여하는 과정과 활동상

김인식 (중앙대 다빈치교양대학 교수)

안재홍의
1919년-대한민국청년외교단에
참여하는 과정과 활동상

김인식 (중앙대 다빈치교양대학 교수)

1. 머리말

올해는 3·1민족운동이 일어나고 대한민국임시정부가 건립된 지 100주년이 되는 해이다. 한국민족운동사에서 굵직한 자취를 남긴 인물들은 3·1민족운동을 경유하면서 '코페르니쿠스의 전환'을 동반하였다. 안재홍도 예외는 아니었다. 3·1민족운동은 그를 대한민국임시정부(앞으로 임시정부로 줄임)와 연결시켰고, 이후 민족운동의 한가운데 서게 하였다.

안재홍은 3·1민족운동의 초기 만세시위 과정에는 참여하지 않았으나, 임시정부의 외교독립운동을 지원할 목적으로 국내에 조직된 大韓民國靑年外交團(앞으로 청년외교단으로 줄임)에 참여·활동함으로써 3·1민족운동을 이어갔다. 그는 이로 인해 3년간 囹圄의 몸이 되었는데, 모든 항일운동가에게 동반하였던 옥고의 출발이었다.

안재홍은 1919년 자신의 항일운동을 '己未運動'으로 표현하였다. 그가 직접 이유를 설명하지 않았으나, 이 용어에는 3·1민족운동을 만세시위운동에 한정시키지 않고, 임시정부를 수립하고 완결하는 과정, 이를 지원하는 1919년도 국내외의 운동까지 포함하려는 의도가 담겼다. 3·1민족운동의 범주를 어떻게 설정하느냐 하는 문제는 오늘날 학계에서도 논쟁이 되었지만, 안재홍에게는 단순히 과거를 바라보는 역사인식의 차원을 넘어, 일제 식민지시기는 물론 8·15해방 후 신국가건설운동에서 실천의 근거가 되는 중요한 역사의식이었다. 3·1만세운동 → 대한민국임시정부 건립 → 대한민국 재건으로 이어지는 계기성과 법통성을 중시하는 역사의식에서, 안재홍은 청년외교단 운동도 3·1민족운동으로 인식하였다.[1]

3·1민족운동 이후 한국민족운동의 과정에서 復闢主義는 도태되어 갔고 主權在民의 민주공화제가 지향점이 된 사실 자체가, 3·1민족운동의 가장 큰 의의였음은[2] 3·1민족운동을 평가하는 다양한 異見들 속에서도 누구나 인정하는 바이다. 3·1민족운동 이후 사회주의 사상이 유입되어 민족운동의 이념이 여러 갈래로 분화되었고, 이념상의 갈등도 격화하였지만 민주공화제를 지향하는 목표에는 이론이 없었다. 서구 사회에서 풍자하였던 모든 정치사상의 실험대와 같았던 해방정국의 분위기에서도, 여러 정치세력들 사이에 각론의 '민주주의 논쟁'이 가열하였지만, '3·1정신'을 계승하여 주권재민의 민주공화 정체의 정부를 구성한다는 대의와 원론에서는 일치하였다. 여기서

---

[1] '기미운동'이라는 용어와 안재홍의 대한민국임시정부의 법통성 인식 문제는 김인식, 「안재홍의 '己未運動과 임정법통성의 역사의식」, 『韓國人物史研究』 제18호, 한국인물사연구소, 2012, 459~465, 491~494쪽을 참조.

[2] 강만길, 『20세기 우리 역사』, 창작과 비평사, 1999, 53~54쪽.

3·1민족운동과 임시정부 수립의 계기성 문제가 다시 쟁점3)으로 떠오른다.

3·1민족운동 → 대한민국임시정부 → 대한민국으로 이어진다는 역사의식을, 단독정부수립을 합리화한 '관변측' 시각으로 규정하는 시각에서는, 이렇게 "3·1운동을 바라보는 관점"이 "분단된 정권의 어느 한쪽의 정통성을 논증하는 수단"이라는 비판4)도 가능하다. 그러나 '관변측' 시각을 비판하는 한 연구자도, "3·1운동을 계기로 임시정부가 수립되었다는 점"이 '중요한 역사적 의의 가운데 하나'임을 제한된 전제에서 인정하였다. 임시정부가 한국사에서 최초의 공화제 정부였다, 분열·침체되었던 여러 갈래의 정치세력들이 일정하게 규합되었다는 점들은,5) 근본 시각의 차이에도 학계가 일치하여 上海에 수립된 임시정부를 긍정평가하는 '역사적 의의'이다.

김진봉은 1980년대 남한학계의 주류 견해를 정리하여 3·1민족운동의 범주를 규정하였다. 이에 따르면, 3·1민족운동의 전 과정은 ① 1918년 제1차 세계대전이 끝날 무렵부터 33인이 독립선언서를 선포할 때까지 운동의 준비시기, ② 1919년 3월 1일부터 4월 말까지 거족적인 봉기로 운동이 전개되는 시기, ③ 이해 5월부터 일제의 보복행위로 말미암아 지하운동으로 변모하는 한편, 上海에 임시정부가 수립되고 활동이 개시되는 세 시기로 나눌 수 있다.6)

임시정부 수립까지도 3·1민족운동의 범주에 포함시키는 안재홍의 역사

---

3) 지수걸, 「3·1운동의 역사적 의의와 오늘의 교훈」, 한국역사연구회·역사문제연구소 엮음, 『3·1민족해방운동연구』, 청년사, 1989, 19~24쪽.
4) 역사문제연구소 민족해방운동사 연구반 지음, 「제3장: 3·1운동」, 『쟁점과 과제 민족해방운동사』, 역사비평사, 1990, 135쪽.
5) 지수걸, 앞의 논문, 11~12, 33쪽.
6) 金鎭鳳, 「3·1運動」, 한국사연구회 편, 『(제2판)한국사연구입문』, 지식산업사, 1987, 499쪽.

의식은 남한학계의 주류 견해와 맥을 함께 한다. 안재홍은 呂運亨을 추억하는 글에서 "一九一九年 己未運動 일어난 후 上海에 臨時政府가 성립되었는데,…"⁷⁾라고 회고하였는데, 이는 단지 사건이 일어난 시간상의 앞뒤 관계를 나타내는 서술이 아니었다. 그는 3·1민족운동이 상해임시정부를 수립하였다는 인과관계를 지적하면서, 3·1민족운동과 상해임시정부 수립의 계기성·법통성을 표현하였으며, 이를 신생 대한민국 재건의 전제와 줏대로 삼았다.

필자는 안재홍이 3·1민족운동을 바라보는 역사의식에 입각하여, 그가 참여한 '己未運動'인 청년외교단 활동을 살펴본 바 있다.⁸⁾ 그러나 該 논문은, 용어상의 문제를 비롯해. 청년외교단이 1919년 6월에 결성되었음을 논증하는 데에 치중하였으므로, 안재홍이 청년외교단 활동에 이르는 前史를 서술하는 데에서는 소략하였고 놓쳐본 곳도 많았다. 이 논문에서는 안재홍을 공부하는 연구자로서, 선행논문에 누락되었던 1919년 안재홍의 활동상―3년간의 첫 옥고를 수반한―을 세밀하게 복원함으로써 그의 항일민족운동의 첫 장을 재서술하고자 한다.

제2장에서는 안재홍이 청년외교단에 참여한 배경과 契機를 검토하였다. 이 장에서는 그가 朝鮮産織獎勵契 사건으로 中央學校를 사임한 뒤, 낙향하여 시국대책을 강구하는 과정에서 3·1민족운동의 조직화 과정을 전문하는 한편, 향리 주변에서 일어나는 만세시위운동을 목격함으로써 민족운동에 한복판에 나서게 되는 계기를 검토하였다. 제3장에서는 안재홍이 청년외교단에 가입하는 직접 계기와 시점 및 활동상을 살펴본 뒤, 청년외교단을 倍達靑年團으로 확대 개편하려고 시도하던 도중에 피검되는 과정을 서술하였다.

---

7) 「夢陽 呂運亨씨의 追憶」(1947.9. 揭載誌 未確認), 安在鴻選集刊行委員會 編, 『民世安在鴻選集』 2, 知識産業社, 1983, 199쪽. 앞으로 『民世安在鴻選集』을 『選集』으로 줄임.
8) 김인식, 앞의 논문을 참조.

2. 1919년 전반기: 대한민국청년외교단에 참여한 배경·계기

1) 낙향과 시국대책 강구

안재홍은 3·1민족운동의 제1·2단계인 준비 단계나 만세시위운동의 초기 과정에는 참여할 수 없었다. 일제를 향한 전민족 항쟁의 불길이 전국에서 타올랐지만, 그가 적극 나설 수 없었던 이면에는 곤경에 처한 個人事가 있었다.

안재홍은 일본 유학을 마치고 귀국(1914.7)한 이듬해인 1915년 5월, 中央學校의 學監으로 초빙되어 1917년 3월까지 재직하였는데, 이 기간은 다난한 그의 個人史에서 의외라 할 만큼 평온하고 안정된 시기였다. 그는 교장인 柳瑾과 함께 1915년 5월 4일 同日 부임하여[9] 1917년 3월 무렵 중앙학교를 같은 시기에 사임하였다.[10] 두 사람이 학교를 그만두어야 했던 직접 계기는 朝鮮産織奬勵契 사건이었다.

안재홍은 중앙학교의 학감으로 재직하는 동안 조선산직장려계의 일반 계원으로 활동하는 등 학교 안팎에서 교육과 사회 활동에 적극 참여하였다. 1917년 3월 5일 조선산직장려계의 役員·契員이 보안법 위반으로 검사국에 송치당하는 사건이 발생하자, 그의 평소 활동과 언동도 이 사건과 연계되어 일제에게 탄압을 받았다.[11] 중앙학교 교장 류근도 조선산직장려계의 역원인 協議員으로 활동하다가 피체되었는데,[12] 그의 사임도 이와 관련되었음은 분

---
9) 中央校友會 編, 『中央六〇年史』, 中央校友會, 1969, 82~83, 438쪽; 仁村紀念會, 『仁村金性洙傳』, 仁村紀念會, 1976, 782쪽.
10) 류근이 중앙학교를 사임한 日字가 1917년 3월 30일로 분명한 반면, 안재홍이 사임한 날짜는 확인하지 못하였는데 동년 3월로 추정된다.
11) 조선산직장려계와 同 사건으로 안재홍이 중앙학교 학감에서 '放逐'되는 과정은 김인식, 앞의 논문, 465~468쪽을 참조.
12) 趙容萬, 『六堂崔南善』, 三中堂, 1964, 136~137쪽.

명하다. 안재홍은 당시의 정황을 다음과 같이 회고하였다.

(자료 A)

아리가(有賀光豊) 헌병대좌가 경기도 내무부장 시대, 중앙학교 학감으로 〈불온한〉 언동을 성(盛)히 발상(發霜)한다는 나를 호출하여, 장광설 〈훈계〉한 결사(結辭)로서, 『군으로는 혹은 무리가 아닐는지 모르지만, 그러나 대세는 드디어 움직이지 못할 것』이라고 위엄을 내어 이 말을 하고, 나에게 다짐두기를 요구하였으나, 나는 다짐을 아니하였다. 추후 알아보니 나를 방축(放逐)하는 선고(宣告)로 되었던 말이다.[13]

(자료 A)에서 안재홍은 조선산직장려계를 거론하지는 않지만, 그가 '방축하는 선고'라고 표현하였고 실지 교장·교감이 동시에 함께 사임하였음을 보면, 두 사람이 '방축'당한 사유는 이전부터 누적되었겠지만 조선산직장려계 사건과 직접 연관되었다. 안재홍은 이 사건으로 인해 투옥되지는 않았으나, 빌미가 되어 중앙학교에서 '방축'되었다.

한편 안재홍은 이전 자신이 3년여 동안 재학(1907~1910)하였던 皇城基督敎靑年會의 후신인 朝鮮中央基督敎靑年會(YMCA)에서 5개월여간 교육부 간사로 활동하였다. 그가 YMCA총무 尹致昊에게 1916년 12월 27일 同職을 수락하여[14] 1917년 5월 30일[15] 사표를 제출하였으므로, 중앙학교를 사직한 뒤에도 두어 달 동안 YMCA에서 근무하였다. 여기서 중요한 바는, 안재홍이

---

[13] 安在鴻, 「제목 미확인」, 『민주조선』(1948.4)[千寬宇, 「民世 安在鴻 年譜」, 『創作과 批評』 통권 50호, 創作과 批評社, 1978, 220쪽에서 다시 인용].

[14] 『윤치호 영문 일기』(1916년 12월 27일), 박미경 역, 『국역 윤치호 영문 일기』 5, 국사편찬위원회, 2015, 344쪽.

[15] 『윤치호 영문 일기』(1917년 5월 31일), 앞의 『국역 윤치호 영문 일기』 6, 12쪽.

YMCA 간사로 활동하던 동안인 1917년, 同 학관에 입학한 연병호를 만났고, 이러한 사제간의 인연이 계기가 되어, 뒷날 청년외교단을 주도해서 조직한 연병호가 안재홍을 同團의 총무로 추대한 사실들이었다.

안재홍이 왜 YMCA를 그만두었는지는 확실하지 않지만, 그는 중앙학교에 이어 이곳까지 그만둠으로써 완전한 실업 상태가 되었고,16) 1917년 6월 무렵 실의 속에서 낙향을 결심하였다. 여기에는 실직으로 인한 상실감이 크게 작용하였지만, 향리인 평택에 칩거하면서 향후의 계획과 시국대책을 강구할 목적도 있었다. 이후 그가 서울을 자주 왕래한 이유도 세상사를 전문하면서 시국을 관찰하기 위함이었다.

안재홍이 28세이던 1918년 5월, 낙향한 지 1년여가 되어 갈 때 차남 뭇鋪이 태어났으니, 이 무렵 그의 심경이 어떠하였는지 짐작하기는 어렵지 않다. 안재홍은 3·1민족운동이 일어나던 전후 시기 자신의 처지를 다음과 같이 회고하였다.

(자료 B)

ⓐ …때에 고종(高宗)황제의 국상으로 말미암아 전민족의 각층각계를 통하야 민족의식은 앙양할때로 앙양하야 불행하면서 대중적으로 운동을 일으키기엔 절호의 기회였었다 그때 나는 중학교의교원으로 있었는데 불온분자라 고해서 탄압구속이심하야 농촌에 가있었기 때문에 직접 참가치는 않앗고…17)

ⓑ 3·1운동 때에 나는 그 선두에 나서기를 아꼈다. 나는 당시 29세이었는데……직장에서 방축되어 失意中에 부단히 시국대책을 연구하는 끝이었으므로, 아무것도 못하고 상심만 하던 내가, 나서면서 징역살이를 하기에는

---

16) YMCA 임원진은 유급제였는데, 윤치호가 안재홍에게 제안한 임금은 30엔이었다. 『윤치호 영문 일기』(1916년 12월 18일), 앞의 『국역 윤치호 영문 일기』 5, 341쪽.
17) 「成熟한機運에點火!-地方과秘密連絡타가囹圄三年」, 『漢城日報』(1946.3.2).

자기가 너무 가엾어……제2선에서 약간의 잠행(潛行) 운동을 한 것이 발각
되어, 청년외교단 사건으로 3년 역을 살았다.[18] (원문자는 인용자)

(자료 B-ⓐ)에서 보듯이, 안재홍은 조선산직장려계와 중앙기독교청년회에
서 활동하는 동안의 언동으로 인하여 '불온분자'의 낙인이 찍혀 탄압·구속이
심하였다. 이로 인해 3·1민족운동이 일어나는 전후의 시기에, 그는 행동이
자유롭지 못하였고, 때로는 '유폐'에 가까운 생활을 강요당하였다. 그는 향리
인 杜陵里를 설명하면서, "내가 己未 直前 잠깐 鄕里에 幽閉된 生活을 할 적
에 漢詩 五律 數篇을 얻었다."고 회고하였는데,[19] 비록 '己未 直前 잠깐'이라
고 표현하였지만, 당시 그가 심하게 구속·감시 받았음을 짐작케 한다. 이러
한 처지에서 그는 만세시위운동에 직접 참가할 수 없었고, 주도할 여건은
더욱더 아니었다.

또한 (자료 B-ⓑ)에서 보듯이, 당시 안재홍의 침체한 심경도 만세시위운동
에 적극 나설 수 없었던 한계 상황이었다. 직장에서 '방축'된 뒤, '실의'와 '상
심'은 '부단한 시국대책'이 끝날 때까지 이어졌으므로, '징역살이'를 감당할
自信이 아직 서지 못하였다. (자료 B-ⓑ)에서 '가엾어'는 두려움보다는 시국
대책과 관련한 확신의 정도를 나타낸 표현이었다.

여기서 안재홍이 평택 지역의 만세시위운동에 직접 개입하여 가담하거나
주도하지 않았음을 분명하게 짚을 필요가 있다. 평택지역의 3·1민족운동을
다룬 일부 자료집·저서들 가운데에는, 안재홍이 이 지역의 만세시위운동에
관계하여 이를 촉발시킨 듯이 서술한 곳이 많다. 이러한 오류는 이용락이

---

[18] 安在鴻, 「제목 미확인」, 『민주조선』(1948.4)[千寬宇, 앞의 논문, 221쪽에서 다시 인용].
본문의 인용문에서 ……는 천관우가 사용한 줄임표임.
[19] 「牢獄深深人不到」(1949.12 『三千里』), 『選集』 5, 1999, 109쪽.

평택군의 3·1민족운동이 일어나는 발단을 언급하면서, "그것은, 古德面 安在鴻의 연락도 받았고, 고종황제 국장에 참가하였다가 서울서 시위운동 전모를 보고 온 여러 인사들이 많았던 관계도 있었을 것이다."20)라고 기술한 데에서 비롯되었다.

평택지역의 3·1민족운동의 시동을 "아무래도 서울에서 3·1운동에 직접·간접으로 관여하였던 안재홍과 이병헌의 연락과 권유에서 그 실마리를 찾을 수 있다고 본다."21)는 서술은 전혀 잘못되었다. 이러한 오류는 안재홍이 평택이라는 지역에서 차지하는 위상으로 추론하였거나, 또는 그가 청년외교단을 주도하였음을 고려하지 않은 데에서 말미암았다.

평택 지역 출신인 이병헌은 평택 지역의 3·1민족운동을 언급하였지만,22) 안재홍이 관계되었다고는 전혀 서술하지 않았다. 다만 일제가 이 지역 만세운동 가담자들에게 안재홍·이병헌 등과 접촉하였는지 여부를 고문하였으며, 안재홍의 집을 가택 수사하자 분노한 주민들이 만세시위를 벌였다는 내용들을 언급하였을 뿐이다. 평택 지역에서 만세시위운동이 일어날 무렵, 이병헌은 수원 지역에서 활동하였으므로 평택 지역의 만세시위운동에는 관계할 수 없었다.23) 이병헌이 기술한 내용도 同鄕의 지인들에게서 傳聞한 바일터이므로 여타 자료로써 사실을 확인하기 어려우나, 안재홍이 감시·구속을 받고 있던 상황을 반영하였다.

상식의 관점에서 판단하더라도, 안재홍이 '불온분자'로 감시당하는 처지에서, 그가 만세시위운동을 주도하다가 검거되었다면 청년외교단에 가담할 수

---

20) 이용락, 『三·一運動實錄』, 삼·일동지회, 1969, 413~414쪽.
21) 윤범하 편저, 『평택시 3·1독립운동사』, 평택시, 1997, 128쪽.
22) 李炳憲 編著, 『三一運動秘史』, 時事時報社出版局, 1959, 880~881쪽.
23) 이 무렵 이병헌의 활동 내용은 성주현, 「오암 이병헌의 생애와 민족운동」, 『일제하 민족운동 시선의 확대』, 아라, 2014, 321~332쪽을 참조.

없었다. 오히려 만세시위운동에 적극 나서지 않아 구속을 면함으로써 청년외교단을 주도할 수 있었다.

2) 3·1민족운동, 傳聞과 목격

'실의'와 '상심' 속에서 시국대책을 강구하던 안재홍이, 민족운동의 중심에 나서게 되는 계기는 두 방향에서 찾아왔다. 하나는 그 자신에게서 비롯되었고, 또 하나는 3·1민족운동 자체에 내재한 추동력이 그를 고무하였다. 안재홍은 시국대책을 강구하는 방편의 하나로, 국내외의 정세와 동향을 파악하러 서울을 자주 왕래하였는데, 이 과정에서 3·1민족운동의 소식을 꽤나 상세히 전문하였다. 한편 그는 갑갑한 마음을 풀고 생각에도 잠길 겸, 사방이 두루 보이는 향리의 산을 자주 오르내렸는데, 3월 말경 어느 날 만세시위의 광경을 먼발치에서 목격하였다. 3·1민족운동은 이렇게 그에게 轉機가 되었다.

(자료 B-ⓑ)에서 "失意中에 부단히 시국대책을 연구하는 끝이었으므로"라는 대목은, 안재홍이 좌절하지 않고 시국대책을 '부단히' 강구하였고, 만세시위운동이 발발하는 무렵이 바로 이 '끝' 녘이었음을 말해준다.

(자료 C)
ⓐ 一九一六년('一九一八년'의 오자임: 인용자) 파리(巴里)에서 열리는 강화회의와 윌손의 민족자결 구호가 더한층 우리가슴에불을질러 그때 나와갓갑던 조소앙(趙素昻)은 세전제토(世田祭土)를 팔아가지고 강화회의에 참석차로떠낫다 국외에서는 이승만(李承晚) 박용만(朴容萬)씨 등이 조선민족을 대표해서 국제회합에 참석한다는 소식이들엿고 국내의 인심으로는 청년밋 정객등을 중심으로하야 독립운동을일으킬 의론이 점점익어갓다 ⓑ … 그때

나는 … 직접참가치는 않앗고 경성으로 신익히(申翼熙)정노식(鄭魯湜)씨등 이자조왕래하야연락을취하고있었다[24] (원문자는 인용자)

(자료 C-ⓑ)는 (자료 B-ⓑ)의 뒤에 이어지는 내용으로, 안재홍이 낙향하여 있으면서도 서울을 자주 왕래하는 가운데, 신익희・정노식 등과 연락을 취하였음을 보여준다. (자료 C-ⓐ)는 3・1민족운동이 일어나는 직전・직후의 상황으로, 안재홍이 서울에서 접한 국내외 소식들이었는데, 파리강화회의와 윌슨의 민족자결주의를 비롯해 조소앙・이승만・박용만 등 국외에서 활동하는 인사들의 활약상과 국내의 동향들이 포함되었다. (자료 C-ⓐ)에서 보듯이, 안재홍은 3・1민족운동의 초기 조직화 과정을 비롯한 소식들을 신익희・정노식 등에게서 전해들었다.

안재홍이 국내외의 동향을 전문하는 통로였던 신익희(1894.6.9~1956.5.5)는 경기도 廣州郡 출생으로, 1912년 4월 早稲田대학 정치경제학부에 입학하였다.[25] 안재홍이 1911년 9월 同校 정치경제학부에 입학하였으니, 신익희・안재홍은 같은 학교 같은 학부의 동창생이었다. 안재홍은 1914년 7월, 신익희는 1917년 7월 각각 와세다 대학을 졸업하고 귀국하였다.[26] 안재홍・신익희 두 사람의 인연은 일본 유학 시절부터 형성되었다.

신익희는 宋鎭禹・文一平・안재홍 등과 협의하여, 1912년 10월 도쿄에서 朝鮮人留學生學友會를 조직하는 데 앞장섰고, 이 단체의 총무・평의회 의장・회장 등을 역임하였다. 또 同 회원들의 연구 발표를 통한 민족의식과

---

[24] 앞의 「成熟한 機運에 點火!」.
[25] 오영섭, 「상해 망명 이전의 신익희(1894~1918)」, 이현희・정경환・오영섭 共著, 『해공 신익희 연구』, 삼화출판사, 2007, 14・63쪽.
[26] 오영섭, 앞의 논문, 102쪽.

민족역량을 강화하기 위하여, 1914년 4월부터는 기관지 『學之光』을 발간하여 편집 겸 발행인도 맡아 활동하였다.[27]

1918년 6월경 국내에 윌슨의 민족자결주의 원칙이 알려지자, 신익희는 崔麟·崔南善·송진우·정노식 등과 독립운동 계획을 비밀리에 논의한 끝에, 같은해 11월 국외의 독립운동 지도자들과 상의·연락할 사명을 띠고 해외로 나갔다가 3·1민족운동이 발발한 날 귀국하였다. 그는 3월 1일 평양을 지나면서 시위운동을 목격하였고, 서울에서 대규모 만세시위를 계획하여 3월 5일 남대문역 앞에서 서울의 제2차 독립만세시위를 촉발시켰다.[28] 그는 이 때문에 日警에게 주목을 받자, 3월 14일 농사꾼 차림으로 용산을 빠져 나와 중국으로 망명하였으며, 3월 19일 상해에 도착하여 임시정부를 조직하는 데 적극 참여하였다. 4월 10일 신익희는 경기도 선출의원으로 임시의정원에 참여하여 조소앙·李光洙 등과 함께 「大韓民國臨時憲章」 기초 심사위원으로 활약하였다. 4월 11일 대한민국임시정부가 건립되고 조각이 이루어지자, 그는 초대 내무차장 겸 내무총장 서리로 선임되었고, 이후 내무총장 안창호(6월 28일 취임)를 도와 국내 행정조직망으로 聯通制를 조직하는 데 앞장섰다.[29]

이상에서 보았듯이, 3·1민족운동이 일어나고 상해임시정부가 수립되는 시기에, 신익희는 국내외를 동분서주하며 운동의 중심에서 활약하였고, 안재홍은 이러한 신익희의 활동을 통하여 국내외의 민족운동 상황을 접하였다.

---

[27] 오영섭, 앞의 논문, 76~84쪽; 이강수, 『좌우의 벽을 뛰어넘은 독립운동가 신익희』, 독립기념관 한국독립운동사연구소, 2014, 21~26쪽.
[28] 신익희가 3·1민족운동을 모의하고 제2차 만세시위를 주도하는 과정은 오영섭, 앞의 논문, 109~121쪽.
[29] 신익희가 중국 상해로 망명하여 연통제를 조직하는 데 관여하는 과정은 이현희, 「대한민국임시정부와 해공(1919~1945)」, 앞의 『해공 신익희 연구』, 125~154쪽; 이강수, 앞의 책, 37~56쪽.

안재홍이 時局을 전문하는 또 하나의 통로는, 3·1민족운동 시 '민족대표 48인 중 1인'이자『朝鮮唱劇史』(1940.1)의 저자로 널리 알려진 정노식이었다.

 정노식은[30] 1912년 일본으로 건너가 東京正則英語學校에 입학하여 3월에 졸업하였고, 明治大學校 法科에 입학하여 1918년 졸업하였다. 그가 1914년 12월 3일에 발행된『학지광』3호에「쌱르타스의雄辯」[31]이란 글을 번역하여 발표하였음을 보면, 이미 이때 유학생학우회에 가입하여 활동하였고, 1918년 2월에는 同會의 평의원으로 선출되었다. 안재홍과 정노식의 인연도 이 유학생학우회에서 형성되었다.

 정노식은 학업을 마치고, 1918년 여름과 1919년 1월 사이에 귀국하였다. 그는 2·8독립선언에 관여하였고, 이후 玄相允·宋繼白 등과 함께 3·1민족운동을 준비하였는데, 독립운동을 지원하는 일과 중간 연락책의 구실을 주로 맡았으며, 3·1민족운동 직후 '內亂罪' 혐의로 체포되어 2년간 수감 생활을 하였다.[32] 정노식이 바로 국내 3·1민족운동의 초기 조직화 과정에서 중간 연락책의 임무를 맡았으므로, 안재홍은 정노식을 통하여 3·1민족운동의 초기 조직화 과정 등을 소상하게 인지하고 있었다.

 안재홍은 3·1민족운동의 초기 조직화가 모의되었던 한 곳인 중앙학교의 기숙사(舍宅으로 기숙사를 겸하였음) 모임에도 참석한 적이 있었다. 이곳은

---

[30] 정노식의 생몰 연월일은 정확하게 알려지지 않았으나 유영대,「정노식론」, 김선풍 외 지음,『한국민속학인물사』, 보고사, 2004, 172쪽을 참조하였다. 이에 따르면, 정노식(1891.11.29~1965.7.12)은 안재홍(1891.12.30~1965.3.1)과 생몰년이 같다. 두 사람은 越北(정노식)과 拉北(안재홍)의 차이가 있었으나, 북한에서 같은 해에 사망하였다.

[31] 鄭魯湜譯,「쌱루투스의雄辯」,『學之光』第三號, 學之光發行所(1914.12.3 발행), 47~48쪽. 이 글은 브루투스(Brutus, Marcus Junius)가 카이자르(Julius Caesar)를 살해한 연유를 연설한 웅변을 가리킨다.『학지광』3호의 編輯兼發行人도 신익희였다.

[32] 이상 정노식의 행적과 활동은 이진오,「정노식의 행적과 《朝鮮唱劇史》의 저술 경위 검토」,『판소리 연구』제28집, 판소리학회, 2009, 356~362쪽을 참조.

金性洙(당시 중앙학교 경영자이자 교사)·宋鎭禹(同校 교장)·玄相允(同校 교사, 1918년 봄 취임) 3인이 寢食을 같이 하면서 학교운영과 민족의 일을 설계한 장소로,33) 3·1민족운동의 초기 조직화를 모의하고 주도한 宋繼白·崔南善뿐 아니라 시국을 논의하던 여러 인사들이 출입하였다. 안재홍도 상경하였을 때, 시국의 추이를 확인하기 위하여 간혹 중앙학교의 기숙사에 들렀던 듯한데, 이곳도 그가 3·1민족운동이 모의·추진되는 과정을 전문하였던 통로의 하나였다고 추정된다. 안재홍이 중앙학교에 재직할 당시 제자였던 任鳳淳(1897~1966, 제10회 졸업)의 증언은, 당시 안재홍의 동향을 보여준다.

(자료 D)

己未年 獨立運動의 搖籃地는 中央學校 宿直室(現 講堂자리)이었다. 당시 校長은 宋鎭禹先生이었는데, 매일같이 宿直室에 指名된 몇몇 學生들을 모이게 하여, 校長先生, 金性洙先生, 崔奎東先生, 玄相允先生, 學監이시던 安在鴻先生께서 世界情勢에 關한 이야기와 이에 따르는 國內情勢 變化에 대한 豫測, 또 獨立運動을 어떻게 展開시켜야 한다는 말씀을 들었는데, 師弟間의 굳은 言約은 倭警의 監視가 極甚한 때였으나, 끝끝내 지켜졌다.34)

---

33) '48인 중 1인'으로 3·1민족운동의 초기 조직화 과정에 적극 관여한 현상윤은, "이때(3·1민족운동 당시를 가리킴: 인용자)에 나는 金性洙, 宋鎭禹 兩氏와 中央學校構內의 舍宅에 동거하고 있었던 관계로 朝夕으로 時事를 말하였다고 회고하였다. 玄相允, 「三一運動勃發의 槪略」, 『思想界』通卷第118號·第11卷第3號, 思想界社(1963년 3月號), 44쪽. '중앙학교에서의 3자 모의'에서 발단하여, 송진우가 '3·1운동의 주도적 추진'을 담당하였음은 김학준, 『古下 宋鎭禹 評傳』, 東亞日報社, 1990, 97~126쪽에 상세히 서술되어 있다.

34) 任鳳淳, 「(附編: 六. 中央의 옛이야기) 中央學校와 三一運動」, 中央校友會 編, 앞의 책, 362쪽. 교장을 비롯한 선생들이 모여 국내외 정세를 논의하던 자리에, 임봉순이 학생으로서 합석하였던 특별한 경험을 착오할 리는 없다. 또 당시 교장을 송진우로, 이미 2년여 전에 학감을 그만 둔 안재홍을 '학감이시던'으로 기억하는 정확성을 전제한다면, 중앙학교 숙직실에 안재홍이 간혹 참석하였음은 분명한 사실이었다고 생각

위의 자료에 나타나는 정황은, 송진우가 3·1민족운동 이전 중앙학교 학생들의 連絡班을 조직하였고, 1918년 가을부터는 조직 정비를 위해 가장 신임할 수 있는 몇 학생을 下學 후 그의 숙소인 숙직실에 불러들였으며, 또 이 시기 송진우의 가장 가까웠던 동지가 김성수·현상윤·최규동이었다는 사실35)과 정확하게 일치하므로 신빙성이 매우 크다. 이로써 짐작하면, 안재홍이 중앙학교의 모의 단계에 지속해서 관여하지 않았으므로 관련 인사들의 회고담 등에는 거론되지 않았으나, 그가 중앙학교의 숙직실에서 3·1민족운동의 초기 조직화 과정을 전문하였음은 분명하다.

이처럼 안재홍은 낙향하여서도 서울을 왕래하면서 "三·一運動의 大計劃이 進行 斷行된" 경과를 꽤나 상세히 파악하였다. 여기에는 "最初의 計劃은 당시의 三十三人보다도 상당히 다른 성격의 諸人物이 登場할 줄로 謀議되었던 것이나, 결국은 孫義庵을 筆頭로 주로 天道敎와 基督敎·佛敎 등 三敎의 代表로 構成"된 사정도 포함되었다. 안재홍은 "最初의 獨立宣言 發表와 示威運動 計劃에는 政界의 巨頭들을 망라"키로 하였으나, 여러 가지 "內面事情있어" 손병희가 "그 筆頭가 되고 三十三人의 諸人物이 網羅케 된 것", 송진우가 48인의 하나였던 사실 등,36) 이른바 3·1민족운동의 초기 조직화 과정을 소상히 알면서도, 이 대열에는 물론 만세시위운동에도 참여하지 못하였다.

그러나 안재홍은 3·1민족운동에 뛰어들 결단을 주저하는 동안에도, 국내외의 시세를 계속 주시하면서 "시국대책을 연구하는 끝"을 맺어가는 중이었다. 그가 결단할 시간이 다가오는 가운데, 마침내 심기일전 부르터날 광경을 목격하였다. 3월 26·27일37)에서 31일 사이의 3월 말 무렵, 안재홍은 향리인

한다.
35) 古下先生傳記編纂委員會 編, 『古下宋鎭禹先生傳』, 東亞日報社出版部, 1965, 65~70쪽.
36) 「政治指導者로서의 孫秉熙氏」(1949.3 『三千里』), 『選集』 4, 1992, 213~215쪽.

평택 두릉리의 언덕에 올라, 주변 수백 리에서 한민족이 일치단결하여 외치는 '독립만세의 웅성궂은 아우성'을 수차례 확인하였다. 그는 먼 거리에서 바라보았지만, 그때의 감격스러웠던 광경을 여러 군데에서 聖化시켜 묘사하였는데, 다음은 이 가운데 하나이다.

(자료 E)
내가 三月 一日이 훨씬 지난 그믐경 어느 날 밤, 어느 農村 높다란 봉우리에 우두커니 홀로 서서 바라본즉, 遠近 數百里 높고 낮은 峰과 峰, 넓고도 아득한 平原과 河川地帶까지, 點點이 피어오르는 화톳불과, 天地도 들썩거리는 듯한 獨立萬歲의 웅성궂은 아우성은, 문자 그대로 人民反抗이요 民族抗爭이었다.38)

(자료 E)의 '높다란 봉우리'·'원근 수백리' 등의 구절을, "나의 故鄕 平澤郡 杜陵里는 平原과 丘陵地帶에 있어, 海拔 數百尺쯤의 산마루에 오르면 遠近 수백리 山河가 둘러보인다."39)는 묘사와 연결시켜 판단하면, 안재홍이 평택 인근 지역에서 일어나는 만세시위의 광경을 바라본 곳은 향리의 '산마루'였

---

37) 안재홍은 한 곳에서는 "3월이라 26, 7일 골에 어둔 저녁 조국의 산하"의 만세시위 광경을 상세히 묘사하였다. 「안민세 씨 담화-삼일정신에 환원하자」(『새한민보』 1949.9.1), 『選集』 7, 2008, 141쪽.
38) 「三·一精神과 國民精神」(1949.3. 揭載誌 不明), 『選集』 2, 413쪽. 성주현은 (자료 E)가 묘사한 광경을, 4월 1일 연인원 3천여 명이 참가한 평택 지역의 만세시위운동으로 보았다. 이 날 평택 지역의 만세시위는 평택역을 비롯하여 서면·북면·송탄면·고덕면·청북면 등지에서 동시다발로 전개되었다. 성주현, 「평택지역 3·1운동의 재검토와 전개 양상」, 민세안재홍선생기념사업회 편, 『안재홍과 평택의 항일운동 심층연구』, 선인, 2014, 207쪽. 그런데 안재홍이 '3월의 그믐경', 또 앞에서 보았듯이 '3월 26·27일경'으로 회고한 데에서 보듯이, (자료 E)는 4월 1일의 평택 지역 시위는 아니었다.
39) 앞의 「牢獄深深人不到」, 『選集』 5, 108쪽.

다. 그는 평소 두릉리의 南山인 月明山(현 안재홍 생가의 남쪽에 위치)에 자주 올랐는데, 이 산도 그 가운데 하나였다. 그가 남긴 회고담들에 의거하면, 그는 1919년 3월 말 이후 향리의 높은 봉우리에 올라서, 인근의 마을 여러 곳에서 만세시위와 봉화시위가 벌어지는 광경을 여러 차례 바라보았다. (자료 E)를 비롯해 안재홍이 묘사한 만세시위 광경에는, 3월 말경부터 4월 초 사이 평택 인근의 지역에서 일어났던 횃불시위의 모습 등이 반영되었다.40)

평택의 지리상의 위치를 보면, 동쪽은 안성시 공도읍과 용인시 남사면에 접하고, 서쪽은 황해안(서해안)과 접한다. 한편 남쪽은 충청남도 당진시 송악읍, 천안시 성환읍과 각각 접하고41) 북으로는 화성군과 오산시에 이웃하며, 구릉지가 서탄편 일대에 능선을 이루었다.42) 이러한 지리 조건을 현 고덕면·오성면을 중심으로 놓고 보면, 평택시를 둘러싼 인근 마을은 북으로 오산시·용인시, 동으로 안성시·천안시, 남으로 아산시, 서로 당진시·화성시이다.

그럼 두릉리의 산마루에서 바라보이는 인근 지역의 산들을 참고하면서, 평택의 인근 지역에서 3월 말경부터 4월 초 사이 일어난 횃불 시위를 살펴본다. 안성 지역의 경우를 보면, 읍내면에서는 3월 30일부터 시위가 본격화하였는데, 31일에는 3,000여 명의 시위대가 군청과 면사무소를 습격·파괴하고 등불 행진을 하였다. 3·1민족운동 시 3대 시위의 하나로 꼽히는 양성면·원곡면 시위도 4월 1일 밤 횃불을 든 시위대가 격렬한 항쟁을 벌였다.43)

---

40) 이상은 김인식, 앞의 논문, 469~470쪽.
41) 平澤市史編纂委員會, 『平澤市史』 상권, 봉명, 2001, 43쪽에서 평택시 행정구역도를 참조.
42) 平澤市·京畿道博物館, 『平澤의 歷史와 文化遺蹟』, 1999, 47쪽.
43) 경기도사편찬위원회 편저, 『경기도항일독립운동사』, 경기도, 1995, 330~354쪽; 김정인·이정은, 『국내 3·1운동 I -중부·북부』, 한국독립운동사편찬위원회, 2009, 80~90쪽.

천안군은 3월 30일 풍세면 풍서리 주민 수백 명이 20여 개소 산 위에서 횃불을 올리고 독립만세를 불렀으며, 31일에는 성환면 주민 수천 명이 횃불 만세운동을 전개했다. 아산군에서는 3월 31일 탕정·염치·배방·송악 등 여러 면 지역 마을의 50여 개소에서 주민 2,500여 명이 횃불을 올렸다. 4월 1일에도 탕정·염치·배방에서 계속 횃불 시위운동이 일어났으며, 2~3일 동안에도 인주면의 공세리·걸매리·둔포 등 해안 지역에서 횃불만세운동을 일으켰다. 한편 4월 1일 온양장터에서 횃불 만세운동이 있었고, 4월 2~3일에 영인면에서 영인산을 비롯하여, 상성리 뒷산 대흥당, 신운리 뒷산 형제봉, 성내리와 백석포 뒷산에서 횃불시위가 일어났다. 신창면에서는 4월 2일 이덕균이 주도하여 학성산에서 횃불을 들고 시위하였다.[44)]

수원 지역의 경우, 3월 29일 수원 지역의 안룡면·태장면·양감면 등지에서 등불과 태극기를 들고 산상에 올라가 봉화를 올리고 시위를 벌였다.[45)] 안재홍이 향리 언덕에서 바라본 최초의 횃불 시위 광경은 아마 3월 29일경의 수원 지역에서 일어난 이 횃불 시위였을 가능성이 크다.[46)] 한편 팔탄군 발안 장에서 3월 31일부터 대규모 시위가 발생했고, 4월 1·2일 인근 산상에서 봉

---

44) 김진호·박이준·박철규, 『국내 3·1운동Ⅱ-남부』, 한국독립운동사편찬위원회, 2009, 22~29쪽.
45) 경기도사편찬위원회 편저, 앞의 책, 1995, 316~317쪽; 김정인·이정은, 앞의 책, 58~59쪽.
46) 김인식, 앞의 논문, 470쪽. 평택지역의 3·1민족운동을 재검토한 최근 연구는, 국사편찬위원회의 삼일운동 데이터베이스에서 '경기도'·'화톳불'을 검색한 결과, 기존의 연구들과는 다소 다른 주장을 내놓았다. 이에 따르면, 범위를 수원·평택·용인·안성 등 경기 서남부 지역으로 한정할 경우, 가장 빠른 시기의 화톳불 시위는 4월 1일 진위군 병남면 시위와 수원군 장안면 일대의 만세시위였다. 진주완, 「평택지역 3·1운동의 검토와 과제」, 『한국민족운동사연구』 98, 한국민족운동사학회, 2019, 133쪽. 그런데 위의 데이터베이스에서는 검색어에 따라 다른 내용이 도출될 수 있다. 이를테면 3월 31일 경기 수원군 향남면 발안리 횃불 만세시위는 '횃불'로는 검색되나, '화톳불'로는 검색되지 않는다.

화시위가 일어났다. 또 4월 1·2일 우정면·장안면 지역에서도 봉화를 올리고 시위하였다. 4월 1일 밤 7시 수촌리 개죽산의 봉화를 신호로 조암리 쌍봉산, 팔탄면 천덕산, 향남면 가재리 당재봉, 장안면 석포리 무봉산, 어은리 남산, 우정면 이화리 보금산, 장자터 봉화산, 운평리 성신재, 매향리 망원대 등 각 산봉우리에서도 일제히 봉화가 치솟았다. 봉화 시위는 2일까지 계속되었다.[47]

평택 지역에서도 4월 1일 밤 대규모의 시위가 횃불 시위로 발전하였는데, 안재홍이 만세시위운동의 광경을 묘사할 때 횃불 시위가 반드시 언급됨을 고려한다면, 그가 목격한 평택 지역의 만세시위는 아마 이 날의 시위였다고 생각한다. 4월 1일 밤 들어 평택역 앞에서 촉발된 시위를 시작으로 평택 지역에서 가장 큰 규모의 시위가 일어났다. 밤 10시 반경 평택 주변 일대에 산봉우리마다 봉화를 올리며 독립만세를 외쳤고, 10여 개 마을에서 3,000여 명의 군중이 평택역으로 모여들어 오전 2시까지 만세시위를 벌였다. 일제 경찰이 시위대를 향해 발포하여 1명이 숨지고 4명이 중상을 입었다. 같은 날 부용면(팽성)에서도 평택 구읍 뒷산에서 봉화를 올리며 평택역 시위에 합세하였으며, 고덕면 율포리에서 500여 명의 농민들이, 청북면에서도 수십 명이 마을에서 만세를 불렀다.[48]

안재홍은 3·1민족운동을 항상 최상급의 언어로 회고·평가하였는데, "봉화가 산과 산, 들과 들, 마을과 마을에 만 점의 별로 총총 박혔고, 대중의 아우성은 천지도 뒤집히는 세기의 위력으로 나타"난[49] 광경은, 분명 그에게

---

[47] 경기도사편찬위원회 편저 앞의 책, 300~307쪽; 김정인·이정은, 앞의 책, 59쪽.
[48] 김방, 「평택지방의 3·1독립만세운동」, 민세안재홍선생기념사업회 편, 앞의 책, 164~171쪽; 성주현, 「평택지역 3·1운동의 재검토와 전개 양상」, 민세안재홍선생기념사업회 편, 위의 책, 205~207쪽; 김정인·이정은, 앞의 책, 95쪽.
[49] 「3·1운동의 회고와 정국 사관(私觀)」(『신천지』 1949년 3월호), 『選集』 7, 137쪽.

는 조선 민족과 민중의 저력을 확신케 하는 전기였다. 그는 부단히 국내외 정세를 전문하면서 시국대책을 연구하는 끝 무렵에 서 있던 끝에, '독립만세의 웅성궂은 아우성'에 힘입어 드디어 민족운동의 한복판으로 나섰다.

3) 上京과 대한민국임시정부 소식 전문

안재홍이 향리에서 서울로 올라온 때는 1919년 4월 말경이었다. 그는 8·15해방 후 첫 3월 1일을 맞아, 자신이 상경한 시기와 목적, 이후 활동한 내용, 이로 인하여 치른 최초의 옥고 등을 한데 묶어서 다음과 같이 회고하였다.

> (자료 F)
> ⓐ 만세사건이지난후나는언론기관을만들어 민족사상을고취하야정치운동을전개하려고 그해四月부터서울로올라와 ⓑ 조소앙이중심이되었던청년외교협회(靑年外交協會)와 그의자매단체인대한민국애국부인회(愛國婦人會) 상해에있는림시정부(臨時政府)또는지방과 비밀연락을하던본부인연통제(聯通制)와의일을겸해보노라 또는 신문사 자금등을 모집하노라고 북으로는 함북 회령(會寧)서부터 남으로 부산(釜山)군산(群山)까지 지부를 두어 비밀연락을 해왔었는데 ⓒ 불행이 대구애국부인회 지부에서 발단이되어 남녀합해 三十여명이외경에 피체되었는데 그때에나도 끼어 기어코 三년역을 밧었었다 그때 내나히는 스물아홉살이었는데…50) (원문자는 인용자)

(자료 F-ⓐ)에서, 1919년 4월에 상경하였음을 말하면서 "만세 사건이 지난 후"라고 말한 구절을 보면, 아마 안재홍은 4월 하순경에 상경하였으리라 추

---

50) 앞의 「成熟한機運에點火」.

측된다. 상경한 목적은 언론기관을 만들어 민족사상을 고취하는 정치운동을 전개하려는 데 있었다.

안재홍은 1920년 6월 7일 대구지방법원에서 개정한 청년외교단과 대한민국애국부인회(앞으로 애국부인회로 줄임) 사건의 제1회 공판에서, 자신이 상경한 시기는 언급하지 않았으나 목적을 언급하였는데 (자료 F-ⓐ)의 회고담과 일치하였다. 이를 보도한 『동아일보』에 따르면, 안재홍은 "무슨관계로 작년삼월소요 이후로조선총독이 신정을할새 언론자유를허가한다 하기에신문을 조직할목뎍으로 경성에" 올라왔다고 진술하였다. 또 그는 柳瑾을 가리켜 "신문에경험 이만흔사람인고로 신문상이약이를 하랴고갓더니" 그곳에서 延秉昊를 만났다고 말하였다.51) 『조선일보』는 이 공판 과정을 간접 화법으로 "안직홍은 작년三월 독립만세의소리가 놉히울니기 시작하면서 바로장곡천(長谷川)총독은사직을ᄒᆞ고 신총독직등실(齋藤實)이부임ᄒᆞ는 벽두에조선인의 언론과집회의 자유흘허락ᄒᆞ다 흠을알고…"라고 보도하였는데,52) 구절은 많이 다르지만 안재홍이 상경한 동기는 일치한다.

안재홍이 언론·집회의 자유를 허가한다는 일제의 정책 변화를 언제 어떠한 방식으로 인지하였는지는 스스로 언급한 바 없으므로 유추해야겠지만, 그가 향리에서 서울을 오가며 끊임없이 시국의 추이를 관찰한 결과였다. 앞서 인용한 두 신문 자료에 따르면, 안재홍은 상경하여 주로 류근의 집에 머물면서 신문사 설립을 계획·추진하였으며, 이 과정에서 연병호를 만나 청년외교단에 가입하여 활동하게 되었다.

---

51) 「大韓青年外交團과大韓愛國婦人團의 第一回公判傍聽速記錄-大邱地方法院에서=六月七日=本社特派員記」, 『東亞日報』(1920.6.9). 이 기사에 안재홍이 상경한 시기는 나타나지 않는다.
52) 「大韓愛國婦人團과大韓青年團=第一回公判」, 『朝鮮日報』(1920.6.10).

안재홍이 어떻게 시세의 변화를 읽었는지는 두 가지로 추론할 수 있다. 첫째는 당시 전국에 걸쳐서 발행·배포된 지하신문이 미친 파장이었다. 다 아는 바와 같이, 3·1민족운동이 일어나자, 3월 1일 독립선언서를 낭독함과 동시에 독립선언서를 인쇄한 天道敎 普成社에서『朝鮮獨立新聞』1만 부를 창간·반포하였다.『조선독립신문』의 파급력은 실로 막대하여, 한민족 사회의 언론을 一變시켰고, 경향 각지에서 각종 題號를 붙인 獨立新聞 類가 쏟아져 나옴으로써 막혔던 언론이 재생하는 길을 열었다.[53] 3·1민족운동을 기점으로 폭발한 지하신문·격문·경고문 등의 언론활동은, 일제가 모든 치안력을 동원한다 해도 속수무책일 정도였으며, 전국이 이미 지하신문의 발행처요 배포지대가 되었다. 독립의식을 고취하는 이들 비합법 지하신문을 체제 내로 유도하기 위해서, 일제는 조선인이 주체가 되어 조선어로 발행하는 民間紙를 허가해야 하는 상황에 처하였다.[54]

실지 3·1민족운동이 일어나자, 일본의 일부 정치인·언론에서는 '武斷政治'[55]를 비판하면서 언론자유를 허여해야 한다는 주장이 등장하였다. 이를테면, 정치계에서는 시부사와 에이이치(澁澤榮一)가 1919년 3월 8일 帝國議會에서 총독정치를 '桀紂政治'라 비판하고 나섰다.[56] 한편 언론에서는『國民

---

[53] 尹炳奭, 「〈朝鮮獨立新聞〉의 遺習」, 『中央史論』第1輯, 中央大學校 史學硏究會, 1972, 79~86쪽.

[54] 1919년 10월까지 국내에서만 약 50여 종의 지하신문들이 전국 각 지방에 발행 또는 복사되어 배포되었다. 또 미국·간도·만주·노령·중국 등지에서도 약 20여 종의 각종 신문이 발행되었다. 崔民之·金民珠 共著, 『日帝下 民族言論史論』, 日月書閣, 1978, 17~21쪽.

[55] 김용덕은 일찍이, 통상 1910년대 일본 통치를 규정하는 '武斷政治'가 '文化政治' 못지 않게 기만스런 용어임을 지적하면서, 내용 그대로 '憲兵政治'라고 불러야 옳다고 지적하였다. 이에 따르면, '武斷政治'는 3·1민족운동 당시 일본 매스컴의 造語로 '善意의 惡政'이라는 의미가 담겨 있었다. 金龍德, 「憲兵警察制度의 成立」(1969), 『韓國制度史硏究』, 一潮閣, 1983, 353~354쪽.

新聞』이 3월 29일과 4월 5·6일자의 사설에서 "…植民政策上 가장 필요한 것은 言論의 自由를 확대함에 있다. 무릇 言論이 自由롭지 못하면 아무리 制度·機關이 완전하다 하더라도 도저히 朝鮮人의 滿足을 얻기 어려울 것이다.…"는 요지로, 일제의 대조선 식민통치를 비판하면서 언론자유를 허여하라고 촉구하였다.[57]

드문 사례였지만, 국내에서도 총독정치를 비판하면서 언론자유를 주장하는 논조는 1919년 4월 초순에 나타났다. 다케우치 로쿠노스케(竹內錄之助)는 1919년 4월호『半島時論』을 '朝鮮事件號'로 꾸미고, 자신이 직접 기고한 글[58]에서 "植民政策上一刷新을施홀必要"를 제기하였다. 그는 그간 총독정치의 失政을 폭로하는 한편, 일제 당국이 "這般의事件(3·1민족운동을 가리킴: 인용자)을單히一種의暴動으로見ᄒ고或은輕擧혼妄動으로掩蔽코져홈"을 비판하면서, "世界의 大勢와日鮮의關係에 鑑ᄒ야朝鮮同胞에 對ᄒ야帝國憲法을與홈이最上方法이라"고 근본 쇄신책을 제시하였다. 나아가 "完全혼憲法을適用"하는 데에서 "重要喫緊혼것은第一言論自由, 集會, 出版, 結社及信敎의自由오… 第六憲兵制度를撤廢ᄒ야警察官吏의人民의對을(오자인 듯: 인용자) 取扱의改善케ᄒᄂ것은最히急要혼政策"이라고 6가지 구체안을 내놓으면서, 언론자유를 첫 번째로 꼽았다.

---

[56] 3·1민족운동이 일어난 직후 일본 국회에서는 野黨 의원이 발언하는 중에 실업가 시부사와가 총독정치를 '桀紂政治'라고 입버릇처럼 비난했다는 말이 있었다. 金龍德, 앞의 논문, 353쪽.

[57] 일본의 정치인과 언론들이 식민정책을 비판하면서 언론자유를 보장하라고 주장한 내용은 崔埈,「日政下의 民族言論-東亞日報와 仁村」, 權五琦 編,『仁村 金性洙의 愛族思想과 그 實踐』, 東亞日報社, 1982, 160~162쪽을 참조.

[58] 위의 時論은 글의 말미에 '大正八年三月十四日稿'라고 적었는데, 발행일보다 25여 일 앞서 탈고하였다. 竹內錄之助(半島時論社長),「(朝鮮問題에對ᄒ輿論의急先鋒) 朝鮮事件의眞相을論ᄒ야我政府及國民에望홈」,『半島時論-朝鮮事件號』第三卷第四號, 半島時論社, 1919년 4월 10일 발행, 2~8쪽.

위의 時論은 "日韓倂合의要旨"가 "日鮮融和와日鮮一體의理想"에 있다고 지적하고, 조선민족을 '조선동포'로 표현한 데에서, 다케우치의 근본 시각이 동화주의임을 드러냈음은 분명하다. 그러나 그는 "熱誠으로政策의一大刷新을望ᄒᆞ는바이라"는 문장으로 글을 끝맺으면서, 중간중간 언론자유를 수차례나 강조하였다. 조선총독부가 『半島時論』을 當該 號로 종간시켰음을 보면,[59] 다케우치의 글이 나름 파문을 일으키면서 조선총독부를 긴장시켰던 듯하다.

다 아는 바와 같이, 신임 총독 사이토 마코토(齋藤實)가 부임하기 전까지, 일본 정부나 조선총독부가 식민통치 방침의 전환과 언론자유를 공식으로 천명하지는 않았다. 일제가 조선인이 발행하는 조선어 민간지를 허가한다는 방침을 공식으로 천명한 때는 사이토가 부임한 직후인 9월 초였다. 안재홍이 4월 말경에 이러한 변화의 조짐을 빠르게 인식하였다면, 그 통로는 국내에서 접하는 일본과 조선 내의 현지 언론을 비롯해, 일본에 체류・왕래하는 지인들에게서 일본의 동향을 傳聞하는 일이었다. "失意中에 부단히 시국대책을 연구"하며 국내외의 동향을 예의주시한 그에게, 위에서 언급한 바 두 가지 정황이 판단력으로 작용하였음은 충분히 짐작할 수 있다. 안재홍의 제자였던 이희승이 회고한 바는 이를 뒷받침해 준다.

뒤에 다시 언급하겠지만, 이희승은 중앙학교 동기 졸업생 李丞浩를 대신

---

59) 『半島時論』은 本社(사장 竹內錄之助)를 東京에 두고 1917년 4월 10일 창간되었는데, 1919년 4월 10일 通卷 25호로써 終刊되었다. 金根洙는 『半島時論』의 성격을 "日人의 經營하는 雜誌고, 日人 執筆者가 적지 않고, 여러 號에 걸쳐 發展記念號를 내어 總督政治를 謳歌했고, 그 筆致 等으로 보아 이 雜誌가 日帝의 앞잡이的 性格을 띠고 있음을 看過할 수 없다."고 단정하였다. 金根洙,『韓國雜誌槪觀 및 號別目次集』, 永信아카데미 韓國學硏究所, 1973, 118쪽. 그러나 김근수도 지적하였듯이, 李重華・李敦化・姜邁・金炳魯・李鍾麟 등도 필자로 참여한 바를 보면, 꼭 위와 같이 단언할 수만은 없는 듯하다. 요시노 사쿠조(吉野作造)가 『반도시론』이 총독부 관헌에게 많은 탄압을 받아 頒布가 어렵게 되었다고 지적한 바를 보면, 다케우치의 時論이 크게 말썽이 되어서 동 잡지가 통권 25호로 사실상 강제 폐간된 듯하다. 崔埈, 앞의 논문, 200~201쪽.

하여, 1919년 "八月 어느 날 伏 더위가 한창 기승을 부리던 때" 향리 두릉리 "自宅에서 울적한 나날을 보내고" 있던 안재홍을 찾아갔다. 안재홍은 이희승에게 "近日의 서울시내 情況을 여러 가지로" 물어 '자세히' 대답을 들은 뒤, 점심을 하면서 이야기를 나누었다. 이희승은 이때를 "東洋을 중심으로 한 世界情勢의 趨移·轉變에 대하여 말씀해 주셨다. 선생의 책상에는 日本의 政治·社會에 관한 雜誌 《改造》, 《中央公論》 등이 쌓여 있었다."고 기억했는데,[60] 안재홍이 향리에서도 일본의 정세를 비롯해 國際情勢를 끊임없이 관찰하였음을 보여준다.[61]

일제 군경이 가혹하게 탄압하는데도, 3·1민족운동은 3월 하순에서 4월 말 사이에 더욱 격화하여 거국거족의 투쟁으로 확산되자, 일본의 일부 언론에서는 조선총독부의 '무단정치'를 비판하는 통치정책 개혁론이 출현하였다. 그러나 『大阪朝日』이 무관총독제 폐지와 '고압적 동화주의'에서 '자치적 문화주의'로 전환해야 한다고 주장한 예에서 보듯이, 이들 개선책은 여전히 식민통치를 기저로 삼는 미봉책에 불과하였다.[62]

한편 黎明會와 같이 민본주의를 주창하는 일본의 지식인들은 이보다 좀더

---

[60] 李熙昇, 「民世先生을 追悼함」, 『選集』 3, 437, 439쪽. 안재홍은 중앙학교의 학감으로 재직하면서 한 반의 담임도 맡았는데, 이희승은 그의 반 학생이었다. 이희승은 1916년 4월 4년제 중앙학교 3학년에 편입하여 1918년 제9회로 졸업하였다. 그의 동기로는 金元鳳 등 48명이 있었다.
[61] 안재홍은 언론인으로서 현직에 있을 때는 물론, 일선에서 물러났을 때도 쉬지 않고 국제정세를 관찰·탐구하였고, 이러한 기반 위에서 자신의 민족운동론과 노선을 도출하였다. 이를테면 식민지시기 조선일보사를 사직한 뒤인 1935년경에도, 중국의 정세와 동아시아의 미래를 논하는 70쪽 분량의 小冊子를 출판하였다. 民世 安在鴻 著, 『中國의 今日과 極東의 將來』, 三千里社, 1935를 참조. 이 소책자는 三千里社가 "海內海外의各方面의社會事情을紹介"할 목적에서, 우선 12권으로 「時局팜푸렛」 시리즈를 계획·一段落 짓기로 하고 발간한 '三千里社時局팜푸렛第一輯'이었다.
[62] 姜東鎭, 『日本言論界와 朝鮮(1910~1945)』, 지식산업사, 1987, 189~191쪽.

진전된 주장을 내놓았다. 東京帝大의 정치학 교수로서 '다이쇼 데모크라시의 아버지'로 불리던 요시노 사쿠조는 『中央公論』1919년 4월호에 「대외적 양심의 발휘」・「조선폭동 선후책」・「조선의 언론자유」 등 세 편의 한국관계 평론을 발표하였다. 「조선의 언론자유」는 3쪽 정도의 분량인데, 조선문제를 해결하기 위해서는 무엇보다도 언론의 자유를 어느 정도 주어야 한다고 제언하였다. 그 정도는 "절대로 이것을 허여(許與)하라는 것은 아니고" "다소간의 단속"은 부득이 하지만, "적어도 내지와 같은 정도"의 언론자유는 필요하다고 주장하였다. 물론 요시노가 말한 요지도 식민지 영유를 포기하라는 의미가 아니라, 이를 유지・존속하기 위한 효과 있는 지배였다.(63)

안재홍이 위와 같은 일본 내의 동향을 『中央公論』・『改造』(1919년 5월 창간) 등의 종합잡지 등을 통하여 확인하였음은 분명하다. 요시노가 주장하는 바는, 일본의 주류 정치인도 아닌 한 지식인의 제언에 불과하였지만, 안재홍은 '다이쇼 데모크라시'의 분위기에서 식민통치의 일정한 변화를 감지하였다. 그가 시국대책을 강구하는 '끝' 무렵에, 이러한 정세 인식은 언론사를 통하여 민족운동을 전개하겠다는 결심을 굳히고 상경하는 동기로 작용하기에 충분하였다.

1919년 4월 말 무렵 안재홍의 정황 판단은, 당시 국내와 일본에서 활동하던 식자들 가운데에서도 매우 시기가 빠른 통찰이었다. 張德俊이 일본 현지에서 유학생 金俊淵에게 신문 발간을 권고한 때는 1919년 6월경으로 추정된다.(64) 또 지금까지 알려진 바로는, 국내에서 일제가 식민지조선에 조선어

---

(63) 姜東鎭, 앞의 책, 203~207쪽.
(64) 장덕준은 신문 발간을 모색하다가, 김성수가 『동아일보』를 발간하는 데 합류한 인사였다. 그는 1914년 『平壤每日新聞』의 朝鮮文版 主幹으로 있었고, 이후 渡日하여 東京 한국인 基督敎館 副幹事로 활동하다가 身病으로 요양 중이었는데, 이 무렵 3·1민족운동이 일어났다. 일본 대학이 여름방학을 시작하기 전, 장덕준은 당시 유학생이었던

신문 발행을 허용하리라는 정보를 재빨리 입수한 인물은 李相協으로, 이도 1919년 6월쯤의 일이었다. 그는 조선총독부의 朝鮮語版 機關紙『每日申報』의 編輯主任으로, 英文版 기관지『서울프레스』의 主幹인 야마가타 이소오(山縣五十雄)에게서 귀띔을 받았다. 이상협은 매일신보사를 사임하고 동년 7월부터 신문사 창간에 나섰고, 유력한 투자 협력자로 김성수를 손꼽고 崔斗善을 통하여 권고하였다. 이 과정에서 신문사업에 나서기를 주저하는 김성수가 결단하는 데, 큰 영향을 미친 사람이 바로 '言論界의 大先輩' 류근이었다.(65)

3·1민족운동이 진행되는 동안, 안재홍은 대조선 식민정책의 변화 조짐을 인지하고 4월 말경 상경하였는데, 여기서 '상경'이라는 말의 의미를 확인할

김준연을 찾아가 신문 발간을 권하였는데, 이때의 사정을 김준연은 다음과 같이 회고하였다. "(장덕준이: 인용자) 療養地에서 東京으로 와 나(金 俊淵)의 宿舍를 찾아 주었어요. 그리고 말하기를「우리가 獨立運動을 해 왔으니 今後로도 大衆을 鼓舞啓蒙하여야 할게 아닌가, 그리 하는 데는 新聞을 經營하는 것이 捷徑이 될 것이오. 그런즉 그대가 夏季放學時에 歸國하거든 資金面이며 技術面에 필요한 準備를 하도록 하여 보라」고 했어요." 東亞日報社,『東亞日報社史(1920~1945年)』卷一, 東亞日報社, 1975, 68쪽에서 다시 인용. 이 회고는 장덕준이 東京에서 민간지 발행을 모색하였음을 보여준다. 장덕준이 김준연을 찾아간 시점이 '하계방학' 전이었다면, 이때는 빠르면 6월경, 늦어도 7월 초였으므로, 장덕준이 일본 내의 동향을 파악하고 민간지를 구상하던 때는 6월경으로 추정할 수 있다.

(65) 崔埈, 앞의 논문, 163~164쪽.『동아일보』창간 당시 중앙학교 교장이었던 崔斗善(1960년 현재 제10대 동아일보사장)은 창간 당시를 말하는 座談會에서, '新聞界의 大先輩' 류근이 김성수에게 권고하여 결심케 하였다고 회고하였다.「내가 겪은대로 本報創刊當時를」,『東亞日報』(1960.4.1).『仁村金性洙傳』은 김성수가 신문사 설립을 결단하는 과정을 상세히 서술하였다. 이에 따르면, 조선총독부가 민간지를 허가한다는 풍문은 東京 유학생들이 여름 방학으로 歸國할 무렵에는 상당히 확실성을 띠었고, 여러 갈래로 신문을 창간하려는 준비가 이미 진행되었다. 또 총독부 고위층은 조선총독이 경질되기 전부터, 민족주의 세력이 하나로 뭉쳐서 신문 발간을 出願하면 허가할 뜻을 비치기도 하였다. 이러한 機運을 맞이하여 김성수를 중심으로 민족주의계가 신문 발행 계획을 추진하기 시작한 때는 7월경부터였다. 仁村紀念會, 앞의 책, 174~177쪽.

필요가 있다. 이 무렵 안재홍은 일정한 직업이 없었으므로, 서울에 거처를 따로 마련할 형편이 되지 못하였다. 이때 '상경'은 서울로 거주를 옮겼다는 뜻이 아니라, 여전히 평택이 거주지이면서 서울을 주 활동 무대로 삼아 자주 머물렀음을 가리켰다. 이는 청년외교단 사건이 일어났을 때, 일제 경찰이 안재홍의 身元을 청년외교단의 총무로, 거주지를 본적지와 동일한 경기 振威郡 (현 평택시) 古德面 杜陵里로 발표한 데에서도 확인된다.66)

안재홍은 1919년 4월 말 이후에는 서울에 주로 머물면서 일정한 거주지 없이 류근의 집에 유숙하다시피 했다. 여기에는 두 사람의 친분이 크게 작용했지만, 안재홍에게 나름 목적성도 컸다. 앞서 서술하였듯이, 류근과 안재홍은 중앙학교에 같은 날짜로 각각 교장과 학감으로 부임하였고, 조선산직장려계 사건으로 동시에 학교에서 '방축'당하는 등 인연이 깊었다. 류근이 大倧敎 신자였고, 朝鮮光文會 사업에 종사한 바도 안재홍과 일치하는데, 이 또한 두 사람의 친분 정도를 말해준다.

그러나 안재홍이 상경하여 류근을 찾아간 주된 목적성은, 류근이 일찍이 황성신문사의 사장으로 활동하는 등67) 신문에 경험이 많았으므로, '언론기관'을 만드는 일에 도움을 받으려는 데에서 비롯되었다. 이 무렵 류근도 신문사를 계획하던 중68)이었으므로 안재홍과 상통하는 바가 컸기에, 안재홍이

---

66) 이를테면 일제 경찰이 청년외교단 사건을 언론에 처음 공개한 자료에는, 안재홍과 관계된 사항을 "本籍京畿道振威郡古德面杜陵里, 住所同 右, 總務 農 安在鴻"으로 발표하였다. 「靑年外交團과有力한關係者」, 『每日申報』(1919.12.19).
67) 류근은 1898년 4월 朴殷植·張志淵과 함께 『京城新聞』(동년 4월 6일 『대한황성신문』으로 改題)을 인수하여 『皇城新聞』을 발행하였다. 1905년 11월에는 장지연과 함께 『황성신문』에 「是日也放聲大哭」을 완성하여 발표하였고, 1906년 9월 황성신문사 사장으로 취임하였다. 김명섭, 「石儂 柳瑾의 항일민족운동과 사상」, 『國學硏究』 제10輯, 國學硏究所, 2005, 91~94 · 100~102쪽.
68) 이와 관련하여 秦學文의 다음 회고는 중요하다. "朝鮮사람에게도 다소 뭔가 주어야 한다고 하는 기미가 있어서 여러 군데에서 新聞하자는 말이 나왔지요. 張 道斌씨도

류근의 집에 유숙하는 정도는 더욱 잦고 길었으리라 생각한다.

안재홍이 신문사를 만들어 민족사상을 고취할 목적으로 상경하였지만, 신문사 설립에는 막대한 財力이 필요하였으므로 그의 목표는 당장 실현되지 못하였다. 반면 류근은 자신의 구도를 김성수를 통하여 관철시켰다. 류근이 일제 식민지통치의 변화 속에서 민족언론의 중요성을 김성수에게 강조함으로써, 『동아일보』가 탄생하는 데 일조하였음은 당시부터 이미 널리 알려진 사실이었다. 류근이 사망할 때까지 『동아일보』에 관계한 일은,[69] 안재홍이 청년외교단 사건으로 출옥한 후 신문언론에 첫발을 들여놓은 바와도 일치하는 先行이었다.

(자료 F-ⓑ)는, 안재홍이 청년외교단 사건으로 피체될 때까지 신문사를 설립하려는 노력을 지속했음을 보여준다. 그가 옥고를 치르던 중인 1920년 3월과 4월에 『조선일보』·『동아일보』가 각각 창간되었음을 보면, 신문사를 설

新聞을 하나 하자고 했고, 「大阪每日」에서도 朝鮮말로 新聞을 하자는 이야기가 있었어요. 「大阪每日」에서는 이미 朝鮮版을 내고 있었지만요. 또 柳 瑾선생과 그밖의 몇 분도 마찬가지 생각이었지요. 심지어는 宋 秉畯 一派에서까지 그럴 意思를 가졌을 정도였지요." 東亞日報社, 앞의 책, 67쪽에서 재인용. 진학문은 1918년부터 大阪朝日新聞社에 입사하여 京城支局 기자로 근무하였으므로, 당시 총독부나 국내 인사들의 동향에 매우 밝았다. 그는 한국인 기자로서는 '총독부 출입 한국인 제1호'였다. 秦學文, 「나의 文化史的 交遊記」, 『世代』通卷118號, 世代史, 1973년 5월호, 198~199쪽. 이러한 정황을 고려한다면, 진학문의 회고는 류근이 신문사를 계획하던 정확한 시점을 명시하지는 않았지만 신빙성이 매우 크다.

[69] 『仁村金性洙傳』도, 신문사업에 선뜻 나서기를 주저하는 김성수에게 "勸告하여 新聞 發刊을 決意케 하는데 큰 구실을 한" 한 사람(또 한 사람은 李相協)이 바로 류근이었다고 서술하였다. 仁村紀念會, 앞의 책, 175~176쪽. 류근은 '東亞日報'라는 題號의 發案者였는데, 이는 "우리나라가 앞으로 發展하려면 視野를 크게 잡아 東亞 全局을 舞臺로 삼아 活動하지 않으면 안된다는 뜻"으로, "조선 民衆의 視野를 넓혀 朝鮮을 日本의 屬邦으로 보지 않고 東亞의 一員으로 생각하도록 하기 위한 것"이었다. 1919년 1월 14일 株式會社 발기인총회에서 동아일보사의 임원진이 결정되었는데, 사장 朴泳孝, 編輯監督에 류근·梁起鐸, 主幹 張德秀, 編輯局長 李相協 등이었다. 仁村紀念會, 위의 책, 176·183~184쪽; 東亞日報社, 앞의 책, 75·91쪽.

립하려는 시도는 시국의 흐름을 다른 식자들보다 빨리 간파한 시국대책의 방안이었다. 안재홍은 3년여의 옥고를 치르고 출옥한 뒤, 1924년 5월 『時代日報』(사장: 최남선)의 논설기자로 입사함으로써 언론계에 처음 발을 들였는데, 이러한 방향성은 이미 1919년 4월부터 결정되었다.

안재홍은 상경한 뒤, 국내외의 동향을 파악하는 가운데 상해임시정부의 소식도 상세히 전문하였다. 그가 청년외교단에 가담하는 직접 계기는 연병호가 권유한 바에서 마련되었지만, 상경한 후 임시정부가 수립된 사실과 활동상을 충분·정확하게 인지한 데에서, 청년외교단에 가입할 동기는 이미 부여되어 있었다. (자료 G)는 이를 확인해 준다.

> (자료 G)
> 一九一九年 己未運動 일어난 후 上海에 臨時政府가 성립되었는데, 呂運亨氏는 外交部次長이라고 傳하여 왔었다. 당시 趙素昻씨는 파리講和會議에 金奎植博士를 補佐키 위하여 갔었고, 申翼熙·尹顯振(故) 제씨 모두 各部에 次長이 되어 이 靑年部隊들이 한참 슈名을 들날린다고 하는데…[70]

이렇게 안재홍은 3·1민족운동이 일어난 뒤 상해에서 임시정부가 수립되어 내각이 조각되는 과정은 물론, 임시정부가 파리강화회의에 전력을 기울이는 외교전략과 김규식·조소앙의 동정 등 상해임시정부의 활동상 등을 상세하게 파악하고 있었다. 조소앙을 김규식의 '보좌'로 인지하였음은 단적인 예이다. 이와 함께 (자료 G)에서 "靑年部隊들이 한참 슈名을 들날린다고 하는데"라는 구절을 주목할 필요가 있다. 이는 당시 안재홍이 전문한 임시정부 안의 객관 상황이었지만, 당시 29세의 그가 同輩의 '청년부대' 선후배들과 자

---

[70] 앞의 「夢陽 呂運亨씨의 追憶」, 『選集』 2, 199쪽.

신을 비교한 심경이기도 하였다.71)

　김규식·여운형·조소앙이 新韓靑年黨을 결성하여 활동한 데에서 보듯이, 이들은 '청년'의 범주에 속하였다. 『白凡逸志』에서도 확인하듯이, 당시 임시정부의 次長들은 '젊은 청년들'이었으므로 '청년 차장'으로 불렸다.72) 이 무렵 안재홍은 신문사를 설립할 목적으로 상경하여 분주하게 움직이면서도 상해 임시정부의 소식을 상세하게 전문하였는데, 무엇보다도 지인들인 '청년부대'의 활동상은 29세의 '청년' 안재홍에게 분발을 촉구하면서 구체화된 행동을 고무하였고, 임시정부와 연계할 동기를 제공해 주었다. 이때 연병호가 안재홍을 찾아왔고, 안재홍은 흔쾌히 청년외교단에 가담하였다.

　안재홍이 상경하여 류근의 집에 유숙하던 중인 1919년 7월 초순경, 연병호가 안재홍을 찾아와서 청년외교단의 規則書를 補正하여 달라고 요청하면서 총무로 추대하였다. 이후 안재홍은 청년외교단에 참여하여 同團을 지도하면서 자매단체인 애국부인회와 임시정부의 연통제 일을 겸해 보는 한편, 신문

---

71) 참고로 〈자료 G〉에 등장하는 인물들의 생몰 연대는 다음과 같다. 김규식(1881~1950), 조소앙(1887~1958), 여운형(1886~1947), 신익희(1894~1956), 윤현진(1892~1921). 이미 앞에서 조소앙·신익희를 언급하였듯이, 이들은 모두 안재홍과 交分自別한 지인이었다. 김규식은 안재홍의 스승이었다. 안재홍이 황성기독교청년회 중학부에 재학하던 동안인 1908년 현재, 김규식은 司事部(이사회에 해당) 書記였으며, 1908년부터 공동학감 제도가 생기면서 부학감으로 취임했다(1909년 가을 사임). 전택부, 『한국 기독교청년회 운동사』, 정음사, 1978, 124~125·128쪽. 안재홍이 여운형을 처음 만난 때는, 그가 早稻田 대학 유학 시절이었던 '1912년 늦은 가을'이었다. 여운형이 早稻田 대학 야구부에게서 초청을 받아 황성기독교청년회의 '베이스 볼 팀'을 거느리고 방문하였다. 이때부터 두 사람은 친분이 두터워졌고 정치노선의 차이에도 동지의 길을 걸었다. 앞의 「夢陽 呂運亨씨의 追憶」, 『選集』 2, 198쪽. 윤현진은 1914년 봄 明治大學 법학과에 입학한 뒤 朝鮮留學生學友會에서 가입하였는데(「윤현진」, 국가보훈처 공훈전자사료관 인터넷 제공, 『이 달의 독립운동가(2018년 4월)』), 안재홍은 귀국하기 전까지 윤현진과 이곳에서 함께 활동하였다.

72) 도진순 주해, 『백범일지』, 돌베개, 1997, 286쪽.

사 자금을 모집하려는 노력도 지속하였다. (자료 F)는 이러한 사실을 뭉뚱그려 표현하였다.

3. 대한민국청년외교단 활동

1) 가입 시점과 계기

1919년 4월 상해에 임시정부가 수립되자, 청년외교단은 이를 지원할 목적에서 동년 6월경 서울에서 延秉昊·趙庸周 등이 주도하여 결성·조직한 비밀결사였다.[73] (자료 B-ⓑ)에서 보았듯이, 안재홍은 자신이 청년외교단에서 활동한 사실을 가리켜 "제2선에서 약간의 潛行 운동을 한 것"으로 회고하였는데, 이러한 자기규정에는 몇 가지 의미가 담겨 있었다. 우선 '제2선'은 임시정부를 '제1선'에 빗댄 표현이며, '약간'은 자신이 가담하여 활동한 시간이 짧았음과 활동상을 낮추어 자평한 謙辭이고, '잠행 운동'은 청년외교단이 비밀결사였음을 의미하였다.[74]

청년외교단은 명칭까지 확정하고 일정한 조직을 이룬 뒤, 외연을 확장하는 7월 초순경 안재홍을 총무로 추대하였다. 연병호가 안재홍에게 동단의 총무를 권유·추천하자, 안재홍은 곧바로 가입하여 활동을 시작하였다. 그럼

---

[73] 청년외교단이 조직되는 배경·동기·시점에 이어 결성·조직화하는 과정과 활동상은, 청년외교단을 주제로 다룬 다음 선행연구들에서 이미 다루었다. 張錫興, 「大韓民國靑年外交團 硏究」, 『한국독립운동사연구』 제2집, 독립기념관 한국독립운동사연구소, 1988; 김인식, 앞의 논문; 조은경, 「연병호와 대한민국청년외교단 활동」, 『한국민족운동사연구』 98, 한국민족운동사학회, 2019. 단 장석흥은 청년외교단의 결성 시기를 1919년 5월, 김인식은 동년 6월로 잡은 데에서 차이가 있다.

[74] 김인식, 앞의 논문, 473쪽.

안재홍이 청년외교단에 가담한 시점과 동기·계기를 상론[75]해 본다.

앞서 이미 언급하였듯이, 안재홍이 청년외교단에 가담하는 직접 계기는 연병호가 권유함으로써 비롯되었지만, 안재홍은 그 무렵 임시정부가 수립된 사실과 활동상을 광범위하게 전문하였으므로, 청년외교단에 가입할 동기는 충분히 마련되어 있었다. 그가 청년외교단에 가입한 시점은 7월 초순경으로, 연병호가 그에게 총무직을 제안한 뒤, 이미 총무직을 수행하고 있던 이병철에게 동의를 얻는 절차를 거쳐서 총무의 자격으로 가입하였다. 안재홍의 심문조서[76]에는 이때의 정황이 다음과 같이 기록되어 있다.

(자료 H)

大正八年七月頃京城에셔延秉昊에게出金호其翌日我(안재홍을 가리킴: 인용자)宿所에尋訪호다自己等은大韓民國靑年外交團을組織호야上海의假政府와連絡호야朝鮮獨立을爲호야努力호는旨를語호고尙且規則書를示호야不

---

[75] 김인식, 위의 논문, 483~484쪽에서, "안재홍이 청년외교단에 가입한 시점은 1919년 7월 초순경으로 추정된다."고 서술하고, 간단하게 논증하였는데 이를 좀 더 살펴본다.

[76] 앞으로 서술하는 데에서 이해를 돕기 위하여, 청년외교단과 애국부인회 사건의 재판과정과 판결문들을 잠깐 언급하기로 한다. 同 사건들의 1심 판결은 1920년 6월 29일 진행되었다. 大韓民國靑年外交團·大韓民國愛國婦人會 事件判決書」(1920.6.29, 大邱地方法院刑事部), 金正柱 編, 『朝鮮統治史料』第五卷, 韓國史料硏究所, 1970, 735~756쪽은, 「大正八年制令第七號」와 「出版法」을 위반한 혐의로 기소된 청년외교단과 애국부인회 사건의 첫 공판 기록, 즉 최초의 법정 판결로 두 사건에 연루된 23명의 1심 판결문이다(앞으로 상기 문건을 「1심 판결문」으로 줄임). 이 사건의 해당 관련자들은 1심 판결에 불복하여 공소하였고, 1920년 12월 27일 안재홍 등의 건은 기각되었다. 「大韓民國靑年外交團·大韓民國愛國婦人會 事件判決書(大正九年刑控第四七號)」(1920.12.27, 大邱覆審法院刑事第一部), 金正柱 編, 앞의 책, 760~782쪽은 이 공소 件의 판결서이다(앞으로 이 판결문을 「大正九年刑控第四七號」로 줄임). 위의 「1심 판결문」은 大東出版協會 編, 『朝鮮併合十年史』, 大東出版協會, 1924, 406~412쪽에서 부분부분을 생략하고 번역하였다. 그런데 위의 『朝鮮併合十年史』는 이를 '大正十年五月十三日'이라 하였는데, 내용은 「1심 판결문」을 기재하였다.

完全의點의有無를調查ᄒ야달나고云ᄒ고其他相談ᄒ事이有ᄒ즉明崔淑子方
싀지來ᄒ야달나고云ᄒᆷ으로翌日朝崔淑子方에赴ᄒ즉延秉昊李秉澈이在ᄒ야
同團에加盟ᄒ야獨立에努力ᄒ야줄事等先生(안재홍을 가리킴: 인용자)이指揮
를受코져ᄒ는者로懇請ᄒ고尙且假令加盟치아니ᄒ더릭도相談相手가되기를
願ᄒᆷ에對ᄒ야可成的其相談에與ᄒ旨를答置ᄒ다同人은其後同團에셔上海政
府에建議書를送ᄒ稿를起草ᄒᆷ에對ᄒ야不備의點이有ᄒ면補正ᄒ야달나고云
ᄒ고書類를示ᄒᆷ에因ᄒ야此를正補(補正의 오자인 듯: 인용자)ᄒ야與ᄒ이先生
의名義로送ᄒ라고云ᄒ고歸ᄒ다… 供述에 記載77)

위의 「1심 판결문」에 따르면, 연병호는 자신이 기안 또는 기초한 청년외교단의 「규칙서」 및 임시정부에 送付할 「건의서」78)를 안재홍에게 補正해 달라고 요구하였고, 안재홍은 이에 응하는 등 연병호가 주도성을 띠는 외양이었다.79)

한편 「大正九年刑控第四七七號」에 따르면, 연병호·이병철이 안재홍에게 청년외교단에 가입하여 동단을 지휘해 달라고 '간청'한 지 1개월 지나, 안재홍이 경성에 "가서" 柳瑾의 집에 머무는데 연병호가 다시 찾아와, 청년외교단이 임시정부에 보내기 위하여 起案한 「건의서」를 '補正'하여 달라고 '依賴'하기에, 안재홍은 이를 보정하여 연병호에게 주었고, 연병호가 이 건의서를 안재홍의 '名儀'로 임시정부에 보내려 하니 승낙해 달라고 '切望'하였으나, 안재홍은 침묵하였다. 이상을 종합하면, 동 건의서가 8월 상순에 작성되었으므로,

---

77) 原文은 「1심 판결문」, 金正柱 編, 앞의 책, 745~746쪽. (자료 H)의 번역문은 大東出版協會 編, 앞의 책, 411~412쪽.
78) 이하 서술에서 「건의서」로 지칭하는 문건은 임시정부에 발송한 이 「건의서」를 가리킨다.
79) 조은경은 「1심 판결문」에 의거하여, 연병호가 안재홍에게 처음부터 단체 가입을 제안하지 않았음을 강조하였다. 조은경, 앞의 논문, 165~166쪽.

연병호가 안재홍을 처음 찾아간 '7월경'은 7월 초순으로 판단된다.

위에 인용한 두 일제 자료에서 안재홍이 진술한 바에 의거하면, 안재홍은 청년외교단에 끝내 가입하지 않은 채 「규칙서」와 「건의서」를 보정하여 주었을 뿐이며, 건의서를 자신의 '명의'로 발송하겠다는 제안에도 침묵하였다. 「大正九年刑控第四七號」에 의거하면, 이후 9월 중 연병호가 류근의 집으로 다시 찾아와서 안재홍의 '名儀'로 「건의서」를 임시정부에 발송하였음을 말하였다. 또 이 자리에서 청년외교단이라고 하는 '名儀'는 범위가 협소한 느낌이 있으므로, 同團의 취지와는 동일하나 한층 더 큰 단체를 조직하여 독립을 위하여 노력하려 한다는 뜻을 말하면서, '大達靑年黨'으로 개칭하려 하는 데 어떠하냐고 안재홍의 의사를 물은 뒤, 동 단체의 「규칙서」를 '起草'해 달라고 '의뢰'하였다. 이에 안재홍은 찬성하여 동년 10월 하순경 '자택'에서 기초에 착수하여 약 반 정도를 起案하였는데 가택을 수색당하여 동 「규칙서」를 압수당하였다.[80]

이상의 재판 기록을 액면 그대로 받아들인다면, 안재홍은 청년외교단 사건으로 체포당하는 순간까지 단원으로 가입하지 않은 상태에서 동단의 중요 문건들을 보정하거나 기초하였다. 그런데 이러한 안재홍의 진술은 심문·재판 과정의 특성에서 말미암는 측면이 강하며,[81] 실지 건의서가 청년외교단 총무의 명의로 발송되었고, 안창호의 답신도 청년외교단 총무 안재홍 명의 앞으로 왔음을 보면, 안재홍은 청년외교단에 가맹하여 활동하였다. 또 상식

---

80) 「大正九年刑控第四七號」, 金正柱 編, 앞의 책, 772~773쪽.
81) 재판 도중 독립운동가들 사이에 엇갈리는 경우는 기억상의 착오를 포함하여, 자신에게 불리한 진술을 하지 않으면서 동지를 배려해야 하므로 日字 등이 일치하지 않는 측면을 고려해야 한다. 송세호의 재판 기록에 그러한 점이 자주 보인다. 청년외교단 사건 재판 당시, 연병호는 이미 중국으로 출국하였으므로 그에게는 闕席 재판이 진행되었고, 다른 관련 인사들은 연병호를 주동자로 진술하는 경향이 강하였다.

으로 판단하더라도, 비밀조직의「규칙서」・「건의서」등을 보정하는 일들이, 該 단체에 가입하지 않은 채 상담 상대로서 담당할 차원의 수준인지도 의문이다.

그렇다면 연병호가 7월 초순 안재홍을 찾아가서 청년외교단의「규칙서」를 보정해 주기를 부탁하는 자체가, 안재홍을 동단에 총무로 추대하는 일과 병행되었고, 안재홍이 이에 동의하여 총무직을 수락한 뒤 중요 문건들에 관여하였음이 분명하다. 이병철의 제1회 예심조서에 따르면, 연병호는 이미 총무로 선임된 이병철에게 안재홍이 "學識名譽가 있는 자"임을 강조하면서 이병철에게 승낙을 받았다.82)

연병호(1894~1963)가 안재홍을 총무로 추대한 이면에는, 두 사람이 사제간이라는 인연이 작용하였다. 일제 관헌 자료에 따르면, 연병호는 19세인 1913년 4월 중국 龍井으로 건너가 私立 昌東學院에 입학해 중학 정도의 과정을 수학하던 중, 20세인 1914년 12월 말경 병으로 일단 귀국하였다. 23세인인 1917년 2월경 京城基督敎靑年會館 英語科에 입학하였다가 學資가 궁하여 1년 미만에 퇴학하였다. 이후 1919년 6월경, 경성기독교청년회관 재학할 무렵 知友였던 趙庸周가 慫慂하여 이병철 등과 함께 청년외교단이라는 결사를 조직하였다.83)

---

82)「大正九年刑控第四七號」, 金正柱 編, 앞의 책, 769쪽. 위의「大正九年刑控第四七號」에서는 이병철의 심문조서를 인용하면서 청년외교단의 조직이 확장・정비되는 시기를 '陰6월 중순경'이라 하였다. 참고로 1919년 음력 6월 1일은 양력 6월 28일, 음력 6월 20일이 양력 7월 17일이었다. 김인식, 앞의 논문, 484~489쪽. 그렇다면 이병철이 안재홍을 총무로 승낙한 때는 양력 7월 초순이었는데, 이 또한 연병호가 안재홍을 찾아와서 총무로 추대하자고 제안하였음을 반증한다.

83)「在南京不逞鮮人團體員事件」, 高等法院檢事局思想部, 『思想彙報』第十四號, 1938, 254쪽. 이 자료에는 뜨문뜨문 판독하기 어려운 부분들이 있는데, 이 때문인지 오독이 있었다. 장석흥은 위의 자료에 의거하여, 연병호는 20세 무렵인 1915년 경성기독교청년회관 영어과를 1년 정도 수학하였고, 이때 교육부 간사를 맡고 있던 안재홍을 만났

위의 일제 자료에는 안재홍의 이름은 등장하지 않으나, 그가 1917년 1월부터 5월 31일까지 조선중앙기독교청년회에서 교육부 간사로 재직하였으므로, 1917년 2월부터 5월 사이에 안재홍과 연병호는 사제지간으로 만났다. 연병호가 안재홍을 청년외교단에 총무로 추대한 자체가, 재학 시절 안재홍의 강한 민족주의 성향을 확인하였고, 이 확신이 유지되었기에 가능한 일이었다. 일제 경찰은 청년외교단 사건을 취조하는 단계부터, 연병호와 안재홍의 이러한 관계를 파악하였고, 연병호가 추천하여 안재홍이 청년외교단에 가담하였다고 발표하였다.

(자료 I)

延秉昊는思ᄒᆞ기를內外相呼應ᄒᆞ야獨立運動에從事홈에는相當한人物을羅致홈이可ᄒᆞ다ᄒᆞ고最適任者로同人이일즉이鍾路基督教青年會舘에出入中師事ᄒᆞ던安在鴻을出動직일意思가잇셔셔八月上旬同志와共히京城府花洞百三十番地柳瑾方에在宿ᄒᆞ는安在鴻을訪ᄒᆞ야言辭를盡ᄒᆞ야本團의統率을依囑ᄒᆞ얏더라[84]

(자료 I)는 연병호가 안재홍을 찾아간 시점을 '8월 상순'으로 잘못 인지한 점을 제외하면 사실과 일치한다. 여기서 '총무'라는 직책 대신에 '통솔'이라는

으며, 청년외교단을 함께 조직한 조용주와도 친교를 맺기에 이른다고 서술하였다. 장석흥, 「연병호의 독립운동 방략과 노선」, 『역사와 담론』 제73집, 호서사학회, 2015, 42쪽. 위의 일제 자료에는 안재홍의 이름이 등장하지 않는데, 안재홍과 연병호가 사제간으로 만난 때는 연병호가 23세인 1917년이었다.

[84] 「畢竟排日의巨魁인 安在鴻이出動」, 『每日申報』(1919.12.19). 12월 16일 경상북도 제3부는 청년외교단과 애국부인회 사건을 공개하여 발표하였는데, 『每日申報』는 1919년 12월 19일자 제3면 거의 전면을 이에 할애하여 대서특필하였다. 상기 기사는 이의 일부이다.

말을 사용하였지만, 일경은 사건에 관계된 자의 명단을 발표하면서 안재홍을 총무로 명기하였다.85) 연병호는 안재홍의 학식과 명예를 들어 청년외교단를 통솔할 '적임자'로 판단하였으며, 단원들에게 안재홍을 총무로 천거하였고 이병철이 양해함으로써, 안재홍은 총무로서 청년외교단을 지휘·통솔하게 되었다. 이렇게 청년외교단의 단원들 사이에는, 동단을 이념상으로 주도·지휘할 명망가로는 안재홍이 적임자라는 공감이 이루어졌고, 이로써 청년외교단은 2인 총무제로 운용되는 지도체제를 갖추었으며, 이후 안재홍이 주도력을 갖고 단체를 통솔하였다.

2) 활동 내용과 피검, 최초의 옥고

2인 총무제 아래에서 안재홍은 강령·규칙 등 운영의 기초가 되는 문안 작성의 일을 맡았고, 이병철은 주로 자금과 조직을 담당하였다.86) 안재홍은 총무로서 「國恥紀念警告文」·「外交時報」 등을 다량 인쇄하여 비밀리에 배포하는 등 활동이 자못 컸으며,87) 임시정부에 제의하는 「건의서」도 주필이 되어 작성하였다. 이는 선행연구들이 이미 지적한 대목이지만, 안재홍이 문건 작성 뿐 아니라 배포하는 일을 주로 담당하였음도 확인할 필요가 있다.

청년외교단 사건의 재판이 진행되는 동안, 안재홍은 동단에서 자신의 주도력을 적극 진술하지 않았지만, 8·15해방 후에는 청년외교단이 비밀결사였으며, 자신이 이를 '지도'하였음을 분명히 밝혔다. 그는 자신이 청년외교단

---

85) 앞의 「靑年外交團과有力한關係者」.
86) 張錫興, 앞의 논문, 1988, 9~10쪽.
87) 朴殷植, 『韓國獨立運動之血史』下篇, 120쪽(『朴殷植全書』上, 檀國大學校 附設 東洋學研究所, 1975, 628쪽).

의 '대표'였으며,88) 나아가 1919년 8월 상순경 임시정부에 발송한 「건의서」를 가리켜, "당시 내가 지도하고 있던 秘密結社 「大韓靑年外交團」의 名義로써… 제출하였고"89)라고 표현하였다. 안재홍은 동 「건의서」를 자신이 주도하였음을 더욱 강조하였다. 실지 이 「건의서」는 청년외교단의 두 총무였던 안재홍·이병철 두 사람의 명의로 제출하였지만, 안창호의 회답은 안재홍 한 사람만의 명의 앞으로 왔음을 보면, 이 「건의서」의 작성을 비롯하여 청년외교단의 활동에서 안재홍이 차지하는 주도력의 비중을 가늠할 수 있다.

「국치기념경고문」은 1919년 8월 29일 '日韓併合紀念日'을 기하여 독립시위운동을 시도할 목적으로 청년외교단의 편집국장 李儀景90)이 團員 羅昌憲과 함께 작성하였고, 단원 安祐璿91)이 경고문 300매를 인쇄하여 경성 종로통에 뿌렸다. 이 때문에 29·30일 폐점한 가게도 많았다. 청년외교단은 한국민의 독립사상을 고취할 목적으로 1919년 9월 2일 '대한민국청년외교단 편집부'의 명의92)로 『外交時報』를 창간·발행하였다. 이의경이 나창헌과 함께 『외교시

---

88) 「3·1절 추도사」(1949.3.1), 『選集』 7, 142쪽.
89) 앞의 「夢陽 呂運亨씨의 追億」, 『選集』 2, 199~200쪽.
90) 뒤에 보겠지만, 『高等警察要史』에는 編輯員으로 되어 있다.
91) 청년외교단 사건은 중국지폐위조 사건이 먼저 검거됨으로써 발각되기 시작하였는데, 청년외교단 단원이었던 안우선(본적: 경성부 종로 6정목 201번지, 前朝鮮鎭衛隊 2等軍醫·재판소 서기·의사·측량사)은 위조지폐사건의 주모자이기도 하였다. 안우선 등은 임시정부와 연락하여 독립운동자금을 충당할 목적에서 안우선의 집에 인쇄기계를 차려놓고 중국지폐를 위조하던 중 경상북도 경찰부에 검거되었고, 1919년 10월에 송치되었다. 『高等警察要史』, 190쪽. 경상북도 제3부가 발표한 바에 의거한 신문기사에는, 안우선의 주소가 경성부 종로이며, 그를 "紙幣僞造犯人으로 襄에逮捕흔者"로 보도하였다. 앞의 「靑年外交團과有力한關係者」. 이를 보면, 안우선의 집에서 인쇄기가 이미 설치되어 있었으므로, 안우선이 청년외교단이 도모하는 문서들을 인쇄하는 책임을 맡았던 듯하다. 이 인쇄기가 지폐를 위조하는 데에만 사용되지 않았고 청년외교단의 활동에도 활용되었고, 중국위조지폐 사건의 주모자였던 안우선이 청년외교단의 단원으로서 전단문을 인쇄한 사실 등을 보면, 위조지폐 사건도 청년외교단과 관계있었을 개연성도 있으나, 일제는 이를 연관시키지 않았다.

보』를 신문의 체제로 작성하여 안우선에게 300매를 인쇄케 한 뒤, 1919년 9월 2일 경성부 종로통에 살포하였다.93)

임시정부에 발송할 「건의서」를 작성·전달한 일도 청년외교단의 주요한 활동이었는데, 동 「건의서」는 8월 상순94) 안재홍이 '主筆'95)이 되어 작성·발송하였다. 이때의 정황을 『고등경찰요사』는 다음과 같이 기록하였다.

(자료 J)

이병철(李秉澈)·안재홍(安在鴻)·연병호(延秉昊)·송세호(宋世浩)·조용주(趙庸周)96) 등은 국제연맹회의에 특파원을 파견하여 한국독립운동에 대해 열강이 원조·승인을 하도록 진력해 볼 필요가 있다 하여, 건의서를 상해임시정부에 제출하기로 협의하고 안재홍이 주필이 되어 6개조에 이르는 건의서를 작성했다. 그리하여 1919년 8월 안재홍·이병철 명의로 대한민국 임시정부 국무총리 이승만(李承晩) 앞으로 건의서를 작성하여…97)

---

92) 「高警第三四三〇一號」에 따르면, 『외교시보』는 李義敬이 기초하였다. 「大正八年十二月三日 高警第三四三〇一號 (秘) 青年外交團員檢擧に關する件」, 金正明 編, 『朝鮮獨立運動』第Ⅰ卷 分册, 原書房, 1967, 210쪽. 한편 『高等警察要史』에서는 編輯員(사실은 편집부장) 李儀景과 團員 羅昌憲이 新聞紙의 체제로 起稿하였다고 기록하였다. 慶尚北道警察部, 「大韓民國青年外交團及愛國婦人會事件」, 『高等警察要史』, 1934, 191쪽.

93) 『高等警察要史』, 191쪽.

94) 김인식, 앞의 논문, 486쪽. 「건의서」를 발송한 시기를 『高等警察要史』, 191쪽에는 '大正八年八月'이라고만 기록하였으나, 「高警三四三〇一號」는 '8월 상순'이라고 일시를 좀더 명확하게 명시하였다. 「高警三四三〇一號」, 金正明 編, 앞의 책, 209쪽.

95) 뒤에서 곧바로 확인하듯이, '主筆'은 『高等警察要史』에 나오는 표현이다.

96) 조용주는 이미 6월경에 출국하였으므로 8월경에는 국내에 없었다. 김인식, 앞의 논문, 485쪽.

97) 『高等警察要史』, 191쪽[번역문은 류시중·박병원·김희곤 역주, 『국역 고등경찰요사』, 선인, 2010, 354쪽].

同「건의서」의 내용 분석은 선행 연구들에서 이루어졌으므로, 여기서는 청년외교단에서 안재홍의 주도력[98])과 관련하여 (자료 J)에서 언급된 '주필'의 의미를 좀더 생각하고자 한다. 앞서 「1심 판결문」에서 안재홍이 진술한 바는, 심문·재판 과정의 특성을 고려해야 한다고 지적하였지만, 송세호가 진술한 바에 의거한 일제 판결문에는 「건의서」가 작성되는 과정이 좀더 명확하다. 이에 따르면, 「건의서」는 송세호 자신이 나창헌·연병호와 협의하여 연병호가 起案토록 하였고, 안재홍이 각파협동, 열국정부와 외교, 일본정부에 독립요구 등의 사항을 첨삭하였으며, 이병철도 승인하여 양 총무의 명의로 임시정부에 보냈다.[99])

위에서 송세호가 나열한 3개의 항은 실지 「건의서」 1·3·4항에 해당하는 내용[100])이었다. 이에 의거하여 판단하더라도, 안재홍이 첨삭한 부분은 6개항 가운데 3개 항에 이르렀다. 그런데 일제 경찰은 청년외교단 사건의 수사결과를 처음 공표할 때부터, 안재홍이 「건의서」를 주도하여 작성하였다고 정확하게 인지하였다. 이에 따르면, "其後數日을經ᄒᆞ야安在鴻은柳瑾方에延秉昊及宋世浩를 招致ᄒᆞ야爲先在外不逞者의活動을慫慂ᄒᆞ기爲ᄒᆞ야 所謂上海假政府를督勵홀必要가잇다고謀議혼結果"로 「건의서」를 제작하였다.[101]) 즉 안재홍은 류근의 집으로 연병호·송세호를 불러서 「건의서」 작성을 주도하였다.

---

[98]) 조은경은, 앞서 인용한 「1심 판결문」에서 안재홍 자신이 진술한 바에 의거하여, "건의서 작성자는 연병호로 보는 편이 설득력 있다."고 서술하였다. 조은경, 앞의 논문, 169쪽.

[99]) 「大正九年刑控第四七七號」, 金正柱 編, 앞의 책, 764쪽.

[100]) 「건의서」와 안창호의 회답문 原文은 金正明 編, 앞의 책, 210~212쪽에 全文이, 번역문은 國史編纂委員會, 『韓國獨立運動史』 三, 1967, 502~503쪽에 실려 있다.

[101]) 「李承晩에建議書를發送」, 『每日申報』(1919.12.19). 이 기사는 6개 항 가운데 4개 항을 나열하였다.

8·15해방 뒤 안재홍은 「건의서」 4항102)과 관련하여 "「日本에는 직접 代表를 파견하여 정면으로 韓國獨立의 緊切한 政治性을 力說할 것」을 하나의 建議로서 제출하였고,…"103)라고 회고한 바 있다. 실지 4항의 문구는 이와는 다소 달랐지만, 30여 년 가까이 시간이 흘렀는데도, 안재홍이 조항의 취지를 정확하게 기억함을 볼 때, 그가 「건의서」를 첨삭하는 등 '주필'하였음은 확실하다. 연병호가 「건의서」를 안재홍의 명의만으로 발송하려 하자 이병철이 연병호를 '힐책'하였고,104) 또 「건의서」에 답하는 안창호의 회신에 안재홍 1인의 명의만 명기되었음을 보더라도, 안재홍이 중심이 되어 「건의서」를 작성하였음을 나타내는 '주필'은 매우 적실한 표현이었다.105)

「건의서」 제5항106)은 임시정부를 중심으로 해외독립운동이 결집하자고 촉구하면서, 국내에서는 이에 호응하여 각 독립운동단체들이 연합하여 통일된 중추기관을 설치하자고 주장하였는데,107) 이는 임시정부가 추진하는 교통국·연통제와도 직결된 문제였다. 실지 청년외교단은 연통부의 구실을 대행하기도 하였는데,108) 임시정부의 '특파원'이자 청년외교단의 '외교특파원'

---

102) 「건의서」 4항은 "日本政府에 外交員을 派遣하야 國家의 獨立을 正面으로 要求할 것"이었다.
103) 앞의 「夢陽 呂運亨씨의 追憶」, 『選集』 2, 199~200쪽. 아마 이 문구가 안재홍이 기초한 原案일 수도 있으며, 아니더라도 그가 이러한 原義에서 4항을 작성하였음을 보여준다.
104) 연병호가 「건의서」를 안재홍의 명의만으로 발송하려 하였음은, 청년외교단에서 안재홍의 대표성을 단적으로 보여준다. 김인식, 앞의 논문, 486쪽.
105) 『高等警察要史』의 청년외교단 사건 기록은, 일제가 동 사건을 최종 정리한 자료이므로 신빙성이 매우 높다.
106) 5항은 다음과 같다. "內外의 策應을 緊密且專一케 하기 爲하야 政府로부터 人員을 派遣하여 內地 各團體及宗派間의 代表者와 協議한 後 京城에 交通本部를 設置하야 一切策動의 中樞機關을 作成케 할 것".
107) 張錫興, 앞의 논문, 1988, 282쪽.
108) 독립운동사편찬위원회, 『독립운동사-임시정부사』 제4권, 독립유공자사업기금운용위원회, 1972, 270쪽.

인 李鍾郁의 존재와 활동상[109]은 이를 충분히 방증한다. (자료 F-ⓑ)에서 안재홍이 "상해에있는림시정부(臨時政府)또는지방과 비밀연락을하던본부인 연통제(聯通制)와의일을겸해보노라"라는 회고한 바도, 청년외교단이 국내의 연통본부 구실을 자담하려 하였음을 보여 주는 증거였다.

  연통제와는 직접 관련이 없었지만, 안재홍은 중앙학교 재직 시절 자신의 제자였던 李丞浩(1888.4.8~1941.12.10)[110]가 상해로 망명하는 일을 도왔다. 이승호(이하 이병우로 표기함)는 중앙학교를 졸업한 직후 3·1만세시위운동에 가담하였다가, 일경에게 지명 수배를 받았으나, 서울 仁寺洞에서 義親王의 近親인 金明子의 도움을 받아 3개월 동안 피신하여 있었다.[111] 이후 그는 이리저리 쫓겨다니다가 국외로 망명할 결심을 굳히고 임시정부가 있는 상해를 목적지로 삼았다. 이병우는 필요한 旅費 調達을 안재홍에게 부탁하였으나, 약속된 날 그가 직접 가지 않고 이희승에게 代行하여 달라고 부탁하였다. 앞서 언급하였듯이, 이에 이희승은 "八月 어느 날 伏더위가 한창 기승을 부리던 때" 평택 두릉리 안재홍의 자택을 찾아갔다. 안재홍은 맏형인 安在鳳에게서 당시로는 상당한 거액이었던 150원을 변통하여 이희승에게 건네주었다. 이병우는 이희승에서 돈을 건네받자, 곧 길을 떠나 경계망이 물샐 틈 없는 압록강 국경선을 넘어 滿洲를 거쳐 상해까지 무사히 도착하였다.[112] 이병우

---

[109] 김인식, 앞의 논문, 487~489쪽.

[110] 號는 白岡, 改名한 李炳宇로 더 알려졌다. 중앙학교 同級生이었던 李熙昇(1896.6.9.~1989.11.27)에 따르면, 이호승은 당시 29세에 입학하였는데, 동기 졸업생 48명 중 最年長者였으므로 '老人學生'으로 불리었다. 李熙昇, 「(附編: 六. 中央의 옛이야기) 中央의 回顧」, 中央校友會 編, 앞의 책, 1969, 360쪽; 李熙昇, 앞의 「民世先生을 追悼함」, 439~440쪽. 안재홍이 1891년 12월생이었으므로 학생이었던 이병우가 세 살 연상이었다.

[111] 「이병우」, 국가보훈처 공훈전자사료관 인터넷 제공, 『독립유공자공훈록』(1988년 발간, 『독립유공자공훈록』 5권 所收); 「이병우(李炳宇)」, 중앙백년사 편찬위원회 편, 『중앙학교 개교 100주년 인물로 본 중앙 100년』, 中央校友會, 2009, 732쪽.

는 상해에서 지하 신문 자료를 국내의 李熙昇에게 밀송하였고, 1919년 9월 2일에는 임시정부의 특파원으로 전라도 지방(이병우의 출신지는 전라남도 長城이다)에 파견되어 동지들을 규합하고, 독립 자금을 모으는 활동을 전개하였다.113)

이병우가 안재홍에게 망명 여비를 부탁하는 이면에서, 안재홍이 중앙학교 재직 시절 학생들에게 강렬한 민족주의자로 기억되었음을 짐작케 한다. 더욱이 중요한 점은, 이병우가 상해임시정부를 해외 망명의 목적지로 삼아 안재홍에게 도움을 요청한 사실이었다. 1919년 8월 무렵은, 안재홍이 청년외교단의 총무로 한창 활동하던 시기로, 그가 임시정부에 보내는「건의서」를 주필하던 무렵이었다. 만약 이병우가 임시정부의 특파원 자격으로 국내에 파견되었다면, 안재홍과 관련성을 조심스럽게 유추해 볼 수도 있는 지점이다.

---

112) 李熙昇, 앞의「民世先生을 追悼함」, 439~440쪽.
113) 이병우는 이후 1923년에는 高陽郡 뚝섬에서, 1925년에는 鍾路 貫徹洞에서, 1927년에는 종로 嘉會洞에서, 1935년에는 종로구 齋洞 등으로 장소를 옮겨가면서 한약방인 共仁堂을 경영하였다. 이 한약방은 김성수·안재홍·여운형·韓龍雲 등이 밀회 장소로 이용하였으며, 국내외 독립운동가들에게도 비밀연락처로 제공되었다.「이병우」, 앞의『독립유공자공훈록』. 안재홍과 이병우의 인연은 이병우의 아들 李賢相에게도 이어졌다. 이현상은 黑白黨을 결성한 주역이었는데, 한용운·안재홍·김성수와 함께 안재홍을 동단의 고문으로 추대하였다.「경복 중학(景福中學)·경성 사범(京城師範) 중심의 흑백당(黑白黨)-주낙원(朱樂元)의 수기」, 독립운동사편찬위원회,『獨立運動史資料集-學生獨立運動史資料集』第13輯, 독립유공자 사업기금운용위원회, 1977, 1001~1004쪽. 흑백당은 1942년 4월 5일 경복중학교 17회 졸업생 이현상을 비롯한 7명과 중앙학교 졸업생 南相甲 등 8명이 비밀리에 창당 발기를 거행함으로써 결성되었다. 흑백당 당수 이현상은 어린 시절, 부친이 경영하는 공인당에 출입하던 민족지사들의 밀담을 엿듣고 민족의식이 성장하였다. 그가 중경임시정부와 光復軍 등 해외 소식에 빨랐던 이면에는 부친 이병우의 영향이 컸다. 흑백당이 안재홍 등의 의사를 확인하고서 고문으로 추대하지는 않았지만, 이들 고문은 공인당을 출입하던 민족주의자들이었다는 공통점이 있었다. 金鎬逸,「1940年代 抗日學生運動研究」,『中央史論』第七輯, 1991, 14~18쪽. 이현상이 안재홍 등을 고문으로 추대한 이면에는, 바로 이들 고문과 부친 이병우 사이의 인연이 작용하였다.

「건의서」의 제5항은 '교통본부'라 표현하였지만, 문맥이 의미하는 바를 세심히 보면, 교통국의 성격을 띤 교통본부가 아니라, 국내의 독립운동단체를 통괄하는 중추기관으로서 聯通本部를 가리켰다. 즉 해외의 임시정부와 국내의 중추기관이 연통하고자 하였다. 이 또한 임시정부와 국내의 중추기관을 임시정부 중심으로 일원화하려는 운동론이었다. 청년외교단이 대단결을 전제로 1919년 9월부터 倍達靑年團으로 개칭하여 조직을 개편하려 하였던 시도도 이와 관련이 있었다. 청년외교단은 동년 9월 이후 안재홍이 주필이 되어 동단의 강령·규칙 등을 입안하기로 결정하고 이를 진행하였으며, 10월 하순경에 조직 개편의 준비에 착수하였는데, 11월 말에 조직이 발각되어 계획을 성사시키지 못하였다.114)

청년외교단 사건은 중국지폐위조 사건이 먼저 발각됨으로써 적발되기 시작하였다. 앞서 보았듯이, 안우선 등이 주도하여 중국지폐를 위조하던 중 경상북도 경찰부에 검거되었고, 이 사건은 1919년 10월에 송치되었다.115) 같은 달 일경은 同 위조지폐 관계자의 소재를 수사하던 중 첩자를 통하여, 청년외교단이라는 조직이 경성에 근거를 두고 지부를 두어 활동함도 정탐하였으며, 連建洞 李秉奎 방의 가택을 수사하여 땅속에 깊이 묻어 둔 노구솥[鍋]에서 비밀문서(지부장 신임장·금전영수증·한국국치기념경고문 등) 다수를 발견·압수하였다. 또 경상북도 제3부는 동년 11월 상순경 大邱府 내의 예수교 부인 중 애국부인회의 명의로 비밀리에 독립자금을 모집하는 활동을 탐지한 후 수사에 들어갔다.116)

---

114) 일제 관헌 자료에는 모두 大達靑年黨으로 기록하였고, 선행 연구들에서는 이를 倍達靑年黨으로 수정하였으나 倍達靑年團이 옳다. 청년외교단이 단명을 개명하여 조직의 외연을 꾀하는 의도와 과정은 김인식, 앞의 논문, 488~490쪽.
115) 「獨立資金充當ノ支那紙幣僞造事件」, 앞의 『高等警察要史』, 190쪽.
116) 「可驚홀秘密結社-男女의獨立陰謀團-十六日慶北第三部發表」, 『每日申報』(1919.12.19);

이렇게 일경은 1919년 11월 초순부터 청년외교단 사건을 정밀 수사하기 시작하였고, 청년외교단 관계자로는 1919년 11월 20일 총무 이병철 외 1명을 가장 먼저 검거하였다. 이후 수사가 더욱 진행되자 각 道 제3부들이 연락하여 11월 27일부터 일제 검거를 시작하였고, 29일까지 청년외교단 총무, 기타 간부 이하 8명, 애국부인회 회장, 지부장, 기타 20명을 체포하여 대구로 호송하였다. 검거된 인사들은 경상북도 제3부에서 취조를 받은 후 12월 11일 대구지방법원 검사국에 송치되었다.117) 이렇게 '간첩'이 청년외교단을 밀고하여 임시정부에 보낸 「건의서」를 비롯하여 일체의 서류가 함께 발각되었고, 단원들은 애국부인회의 주역들과 함께 1919년 11월 경상북도 警務局 제3부에 검거되었다. 안재홍이 검거된 날은 11월 27일이었다.118) 이병철이 22세, 안재홍

『高等警察要史』, 190쪽.

117) 「高警第三四三○一號」(1919.12.3), 金正明 編, 앞의 책, 207, 209쪽. 이 高警 비밀문서가 작성된 1919년 12월 3일은 이병철이 체포된 지 보름도 되지 않았으며, 안재홍이 체포된 지 1주일도 채 되지 않은 시간이었다. 일경이 이 사건을 얼마나 신속하게 수사하였는지 알 수 있다.

118) 『高等警察關係年表』의 1919년 11월 27일 항은, 이 날 청년외교단 검거가 있었으며, 이병철 이하 단원 10명이 검거되었다고 기록하였다. 朝鮮總督府 警務局, 『高等警察關係年表』, 1930, 11쪽. 이병철에 한정한다면, 이는 오류이겠으나 「高警第三四三○一號」도 11월 27일 본격 검거를 시작하였다고 기록하였고, 사건의 전말을 포함할 수 없는 연표의 특성을 고려한다면, 『高等警察關係年表』가 적은 안재홍의 피체 날짜는 정확하다. 안재홍은 자신이 청년외교단 사건으로 수감되었던 기간을 "未決 旣決 합하여 三十數朔"(「觸髏哲學의 使徒로 되었다」, 『三千里』(1949.2), 『選集』 5, 100쪽], "未決 旣決 三十數朔"[앞의 「牢獄深深人不到(1949.12), 『選集』 5, 103쪽] 등 여러 차례 회고하였다. "나는 그해(1919년을 가리킴: 인용자) 一一月 二十七日로써, 그 뜻나 秘密結社가 間諜에게 密告되어, 大韓愛國婦人會 一黨과 함께 慶北 警察部에 檢擧되었고, 인하여 豫審일세 三年役일세 하고 三十數朔 投獄되어 있었던 까닭에, …"라고 회고한 데에서 보듯이[앞의 「夢陽 呂運亨씨의 追憶」, 『選集』 2, 200쪽], 그는 첫 번째 옥고를 치르게 되는 이 날짜와 투옥 기간을 일관되게 또렷이 기억하였다. 당시 자료로도 확인되듯이, 안재홍이 1919년 11월 27일 피체되어 1922년 6월 9일 가출옥하였으므로, 30개월 12일 동안 수감되었고, 햇수로는 4년에 걸쳐 있었다. 안재홍이 청년외교단 사건으로 "미결 기결 합하여 三十數朔" 대구 감옥에 있었다는 회고는 정확하였다.

이 29세의 나이였다.

안재홍은 1919년 11월 27일 피체된 이후, 예심을 거쳐 항소하였으나 기각되었고, 1920년 12월 27일 공판에서 이병철과 함께 징역 3년이 최종 확정되어 대구형무소에서 옥고를 치른 뒤, 1922년 6월 9일 32세의 나이로 출옥하였다.119) 이것이 그에게는 "전후 9차에 걸쳐 7년 3개월의 옥고"120)의 시작이었다.

안재홍은 첫 옥고에서 평생 고질이 되어버린 병을 얻었다. 그는 대구로 압송된 뒤 치고 짓밟고 때리는 포악한 고문을 당하여 등뼈에 심한 타박상을 입었으며, 이로 인해 허리를 제대로 쓰지 못하게 되었다.121) 또 이때의 고문으로 병을 얻어, 날이 좀 추우면 무릎이 시리다고 주먹으로 다리를 쳤으며,

---

119) 『東亞日報』는 안재홍의 가출옥 소식을 다음과 같이 간단하게 보도하였다. "대한청년단사건으로대구디방법원에서징역삼년의선고를밧고대구감옥에 재감중이든 안재홍(安在鴻)씨는 지난구일에 가출옥되어 진위군(振威郡) 자틱으로 향하얏다더라"「安在鴻氏出獄-구일대구감옥에서」, 『東亞日報』(1922.6.13). 성주현은 안재홍의 옥고 기록을 분석하면서, 청년외교단 사건과 관련하여서는 다음과 같이 결론을 내렸다. "… 적어도 1919년 12월 초 대구형무소에 수감되어 1920년 6월 29일 3년형을 언도받고 복역 중 감형이 되어 1922년 6월 9일 출옥하였다. 이로 볼 때 안재홍은 2년 6개월 정도 옥고를 치른 것으로 판단된다." 또 성주현, 「안재홍의 민족운동과 옥고기록 분석」, 『일제하 민족운동 시선의 확대』, 아라, 2014, 47쪽. 그러나 앞서 지적하였듯이, 1920년 6월 29일의 판결은 최종 공판이 아니라 1심이었다. 당시의 신문들도, 이병철·안재홍 등이 이 판결에 불복하여 '控訴'하였다고 보도하였다. 안재홍의 건은 1920년 12월 27일 기각되었다. 또 누차 지적하였듯이, 안재홍이 피검된 일자는 일제 관헌 자료나 안재홍의 회고에 의거하더라도 1919년 11월 27일이 정확하다.
120) 千寬宇, 앞의 논문, 212쪽.
121) 金富禮, 「기도의 나날 속에」(미공개원고)[千寬宇, 앞의 논문, 221쪽에서 다시 인용]. 안재홍의 後妻 김부례는 다른 곳에서도, 안재홍에게 직접 들은 옥고를 다음과 같이 기술하였다. "己未年 三·一運動 때 大邱 감옥에서 日警이 항복하라고 세 시간을 때렸는데 항복 안 했답니다. 그때 척추를 다쳐서 항상 아파서 고생 많이 했습니다. 大邱에서 三年 동안 懲役할 때 겨울에 日氣가 너무 추워서 코가 얼어붙어요. 처음 본 사람은 인상이 남을 것 같습니다." 金富禮, 「나의 恨, 金富禮」(1989.9.23), 『選集』 4, 知識産業社, 1992, 362쪽.

원고를 쓰다가도 생각이 막히면 버럭 소리를 질러서 주위 사람들을 놀라게 하였는데, 이도 감옥에서 얻은 울화증의 소치였다.122)

4. 맺음말

1919년 3월 1일 한민족은 일제에 항거하여 일어났고, 항쟁의 불길은 전국에 퍼졌으나, 안재홍은 개인사로 인하여 3·1민족운동의 선두에 나서지 않았다. 그는 1917년 3월 조선산직장려계 사건에 연루되어 일제 관헌에게 압박을 받았고, 직장이었던 중앙학교의 學監에서 '放逐'당하여 실직 상태에 있었다. 그는 실의 속에서 시국대책을 강구하던 중이었으므로 선뜻 3·1민족운동의 전면에 나설 심경이 아니었으며, 또 '불온분자'로 찍히어 낙향하였던 터였으므로 그럴 여건도 되지 못하였다.

그러던 차 1919년 3월 말경 안재홍은 향리 부근의 다소 높은 어느 봉우리에 올라, 인근 마을 여러 곳에서 봉화시위가 벌어짐을 목격하면서, "天地도 들썩거리는 듯한 獨立萬歲의 응성궂은 아우성은, 문자 그대로 人民反抗이요 民族抗爭"임을 깨달았다. 그는 이 '아우성'에서 민족 안의 민중, 나아가 민중의 민족성을 보았고, 이들의 정의감과 비감함을 확인함으로써 이전의 소극스럽던 자세를 털어내고 항쟁의 중심으로 뛰어들었다. 1919년 4월 말 그는 신문사를 설립·운영하여 독립사상을 고취할 목적으로 上京하였다.

안재홍은 3·1만세시위운동의 초기 과정에는 직접 참여하지 않았으나, 임시정부의 외교독립운동을 지원하는 청년외교단에 참여·활동함으로써 3·1

---

122) 「金乙漢의 회고」, 平洲 李昇馥先生 望九頌壽紀念會, 『三千百日紅·平洲 李昇馥先生 八旬記』, 人物研究所, 1974, 142쪽.

민족운동을 이어갔다. 그는 향리에서 서울을 오가며 국내외의 동향은 물론, 3·1만세운동이 조직화되고 전개되는 과정을 소상하게 파악하였고, 상경한 후에도 상해에 임시정부가 건립되는 전말, 임시정부의 '청년 부대'가 왕성하게 활동하는 내용들도 상세히 전문하였다.

이렇게 안재홍은 국내외의 정세와 임시정부의 활동상을 인지하였던 터였으므로, 그가 청년외교단의 활동 목표에 동조할 여건은 이미 마련되었고, 청년외교단이 그를 총무로 추대하자 즉각 수락하였다. 청년외교단은 1919년 6월경 조용주·연병호 등이 주도하여 국내에서 결성하였고 7월까지 조직화의 과정을 거쳤는데, 국내에서 독립사상을 고취하고, 상해임시정부를 응원하며, 국외에서는 외교활동으로 독립을 성취한다는 세 가지 방향으로 활동 목표를 설정하고 운동을 추진하였다.

청년외교단이 조직화를 꾀해 나가는 7월 초순경, 안재홍은 중앙부의 총무로 추대되어 청년외교단에 가입하였고, 이로써 청년외교단은 2인 총무제를 갖추어 본격 활동을 전개하였다. 안재홍은 이병철과 함께 청년외교단의 총무로서 이 단체를 지도하였는데, 안재홍은 강령·규칙 등 운영의 기초가 되는 문안 작성의 일을 주로 맡았으며, 이병철은 자금과 조직을 담당하였다. 1919년 8월 초순경 안재홍이 주필이 되어 작성하고 이병철과 공동 명의로 임시정부에 보낸 6개 항의 「건의서」는, 이 당시 안재홍의 운동노선을 알려주는 두드러진 활동이었다.

안재홍을 비롯한 청년외교단의 중심인물들은 1919년 9월, 주의를 함께 하는 국내 각지의 독립운동 단체를 하나로 통합하는 원칙을 정하여 倍達靑年團으로 조직을 확장·개편하기로 결정하였다. 이에 10월 하순경에 조직을 개편하려는 준비에 착수하였는데, 11월 말에 청년외교단의 조직이 발각되어 계획을 성사시키지 못하였다. 안재홍이 검거된 날은 11월 27일이었고, 이 사건으로 3년여의 옥고를 치른 뒤, 1922년 6월 9일 대구 감옥에서 출옥하였다. 혹심한 일제 지배하에 "전후 9차에 걸쳐 7년 3개월의 옥고"의 출발이었다.

참고문헌

김명섭, 「石儂 柳瑾의 항일민족운동과 사상」, 『國學硏究』 第10輯, 國學硏究所, 2005.
김 방, 「평택지방의 3·1독립만세운동」, 민세안재홍선생기념사업회 편, 『안재홍과 평택의 항일운동 심층연구』, 선인, 2014.
金龍德, 「憲兵警察制度의 成立」(1969), 『韓國制度史硏究』, 一潮閣, 1983.
김인식, 「안재홍의 '己未運動'과 임정법통성의 역사의식」, 『韓國人物史硏究』 제18호, 한국인물사연구소, 2012.
金鎭鳳, 「3·1運動」, 한국사연구회 편, 『(제2판)한국사연구입문』, 지식산업사, 1987.
金鎬逸, 「1940年代 抗日學生運動硏究」, 『中央史論』 第七輯, 中央大學校 史學硏究會, 1991.
성주현, 「오암 이병헌의 생애와 민족운동」·「안재홍의 민족운동과 옥고기록 분석」, 『일제하 민족운동 시선의 확대』, 아라, 2014.
오영섭, 「상해 망명 이전의 신익희(1894~1918)」, 이현희·정경환·오영섭 共著, 『해공 신익희 연구』, 삼화출판사, 2007.
유영대, 「정노식론」, 김선풍 외 지음, 『한국민속학인물사』, 보고사, 2004.
尹炳奭, 「〈朝鮮獨立新聞〉의 遺習」, 『中央史論』 第1輯, 1972.
이진오, 「정노식의 행적과 〈朝鮮唱劇史〉의 저술 경위 검토」, 『판소리 연구』 제28집, 판소리학회, 2009.
이현희, 「대한민국임시정부와 해공(1919~1945)」, 앞의 『해공 신익희 연구』.
張錫興, 「大韓民國靑年外交團 硏究」, 『한국독립운동사연구』 제2집, 독립기념관 한국독립운동사연구소, 1988.
장석흥, 「연병호의 독립운동 방략과 노선」, 『역사와 담론』 제73집, 호서사학회, 2015.
조은경, 「연병호와 대한민국청년외교단 활동」, 『한국민족운동사연구』 98, 한국민족운동사학회, 2019.
지수걸, 「3·1운동의 역사적 의의와 오늘의 교훈」, 한국역사연구회·역사문제연구소 엮음, 『3·1민족해방운동연구』, 청년사, 1989.
진주완, 「평택지역 3·1운동의 검토와 과제」, 『한국민족운동사연구』 98, 2019.
千寬宇, 「民世 安在鴻 年譜」, 『創作과 批評』 통권 50호, 創作과 批評社, 1978.
崔 埈, 「日政下의 民族言論-東亞日報와 仁村」, 權五琦 編, 『仁村 金性洙의 愛族思想과 그 實踐』, 東亞日報社, 1982.

姜東鎭, 『日本言論界와 朝鮮(1910~1945)』, 지식산업사, 1987.
古下先生傳記編纂委員會 編, 『古下宋鎭禹先生傳』, 東亞日報社出版部, 1965.
김정인·이정은, 『국내 3·1운동Ⅰ-중부·북부』, 한국독립운동사편찬위원회, 2009.
김진호·박이준·박철규, 『국내 3·1운동Ⅱ-남부』, 한국독립운동사편찬위원회, 2009.
東亞日報社, 『東亞日報社史(1920~1945年)』卷一, 東亞日報社, 1975.
仁村紀念會, 『仁村金性洙傳』, 仁村紀念會, 1976.
中央校友會 編, 『中央六〇年史』, 中央校友會, 1969.
慶尙北道警察部, 『高等警察要史』, 1934.
國史編纂委員會, 『韓國獨立運動史』三, 國史編纂委員會, 1967.
金正明 編, 『朝鮮獨立運動』第Ⅰ卷 分冊, 原書房, 1967.
金正柱 編, 『朝鮮統治史料』第五卷, 韓國史料研究所, 1970.
박미경 역, 『국역 윤치호 영문 일기』5, 국사편찬위원회, 2015.

연병호와 대한민국청년외교단 활동

조은경 (독립기념관 학예연구관)

연병호와 대한민국청년외교단 활동

조은경 (독립기념관 학예연구관)

1. 머리말

1919년 3월 1일 시작된 독립선언과 만세시위는 5월 말까지 전국으로 확대되었고 중국·러시아·미국 등 해외로까지 이어졌다. 지역·신분·계층과 종교, 그리고 남녀노소를 망라하여 전개된 3·1운동을 계기로 중국 上海에서는 1919년 4월 11일 대한민국 임시정부가 수립되었다. 국내 각지에서는 3·1운동으로 표출된 역량을 토대로 비밀결사가 결성되었다.

민주공화정을 표방한 임시정부는 비록 중국 상하이에 위치했지만 민족의 대표기구이자 독립운동의 최고 통수기관으로서 위상과 역할을 다하기 위해 국민적 기반 확보가 무엇보다 중요했다. 이때 국내의 비밀결사는 임시정부 지원을 표방하며 임시정부와 국내와의 연계를 맡았다. 이러한 비밀결사 가운데 大韓民國靑年外交團(이하 청년외교단)이 있었다. 청년외교단은 趙素昂의 국제외교활동 후원과 임시정부 지원을 목적으로 趙鏞周, 延秉昊 등이 1919년 5~6월경 서울에서 결성한 비밀결사단체였다.

청년외교단 관련 연구는 1980년대 말 시작된 이래 2010년대 이후에는 청년외교단의 총무였던 安在鴻을 통해 청년외교단을 재인식하는 연구로 이어졌다. 이 과정에서 청년외교단의 전체상과 한국독립운동에서 차지하는 활동과 위상 등이 전반적으로 규명되었다.[1] 하지만 청년외교단을 조직화하는 과정에 있어 주도역할을 담당했던 연병호와 조용주 등의 활동상을 추적하는 과제는 여전히 남아있다. 그중 연병호의 경우 장석흥의 연구를 통해 그의 생애와 활동에 대한 전체상이 규명되었으나 청년외교단 활동은 간단히 다루어져 충분한 검토가 이루어지지 못했다.[2]

이 글은 선행연구의 성과에 기초하여 청년외교단의 주도역할을 맡았던 연병호의 생애와 활동 중 청년외교단 활동을 중심으로 검토하는데 목적이 있다. 연병호에 주목한 이유는 그가 청년외교단 결성을 주도했을 뿐 아니라 특히 청년외교단에서 임시정부와의 연계와 관련된 활동을 주관했고 단체 해산 후에도 임시정부와 관계를 맺으며 활동을 이어나갔기 때문이다. 하지만 청년외교단과 임시정부와의 관계에 대한 부분에 있어 연병호의 역할은 충분히 규명되지 못했다. 이와 더불어 국내와 중국 대륙, 만주를 무대로 20여 년간 활동한 연병호가 독립운동가로서 첫 번째 활동이 청년외교단이었고 이후 독립운동에 영향을 주었다는 점에서 연병호 개인에게도 청년외교단 활동은 남다른 의미가 있었다.

이에 이 글에서는 청년외교단에서 연병호의 활동에 중점을 두면서 기존 연구에서는 크게 주목하지 않았던 임시정부와의 관계에 주목하여 청년외교

---

[1] 장석흥, 「대한민국청년외교단연구」, 『한국독립운동사연구』 2, 독립기념관 한국독립운동사연구소, 1988; 김인식, 「안재홍의 '기미운동'과 임정법통성의 역사인식」, 『韓國人物史硏究』 제18호, 한국인물사연구소, 2012.
[2] 장석흥, 「연병호의 독립운동 방략과 노선」, 『역사와 담론』 제73집, 호서사학회, 2015.

단에서 연병호의 위상과 역할을 재조명해 보고자 한다. 임시정부의 정책 변화에 청년외교단이 어떻게 반응했으며 이때 연병호의 역할이 무엇이었는지, 또한 연병호의 청년외교단 활동이 이후 연병호의 독립운동에 미친 영향이 무엇인지 등에 대해서도 살펴보고자 한다.

2. 연병호의 생애와 대한민국청년외교단 결성

연병호는 1894년 11월 22일 충북 괴산군 도안면 석곡리에서 곡산 연씨 延彩羽와 전주 이씨 사이에서 4형제 중 차남으로 태어났다. 초명은 秉學, 호는 圓明이다. 연병호의 집안은 본인을 포함하여 형 延秉煥, 조카딸 延薇堂, 조카사위 嚴恒燮, 그리고 조카손녀 嚴基善까지 3대에 걸쳐 5명의 독립유공자를 배출했다.

연병호의 어릴 적 행적이나 국내에서의 활동은 알려진 바가 없다. 그는 괴산군 청안면의 重明學校를 졸업한 후 19살 되던 1913년 4월경 중국 龍井으로 건너가 중학과정인 昌東學院에 진학했다. 용정에 가게된 것은 그보다 16살 많았던 큰 형 연병환이 1908년부터 용정해관에서 근무했기 때문이다. 당시 큰 형 연병환은 월급을 할애하여 독립운동가를 재정적으로 후원하거나 자신의 집을 독립운동 논의 장소로 제공하는 등 독립운동을 지원했다. 연병호는 1914년 말까지 용정에서 1년 반 정도를 보내는 동안 연병환의 독립운동 지원을 목격하고 독립운동가들과 교류하면서 자연스럽게 독립운동에 대한 인식을 키울 수 있었던 것 같다.[3]

---

[3] 연병환은 집안의 독립운동을 견인했을 뿐만 아니라 연병호에게 가장 큰 영향을 끼친 인물이었다. 1919년에는 용정 서전벌에서 거행된 3·13만세시위에 동참했다가 용정

용정에서 돌아온 연병호는 서울로 와서 경성기독교청년회관(이하 YMCA) 영어과에 들어가 1년 정도 공부했다. 선행연구에서는 이때 연병호가 청년외교단과 관련된 인물을 만나 인적 기반을 만들었다고 보았다. YMCA 교육부 간사를 맡고 있던 安在鴻를 만났고, 청년외교단을 함께 조직하게 되는 조용주와 친교를 맺었다는 것이다. 조용주의 친형이자 안재홍과 일본 유학시절부터 친분이 있었던 조소앙도 이때 잠시 국내에 머물고 있었다.4)

그러나 연병호가 YMCA에서 안재홍, 조용주 등과 어떻게 친분을 맺을 수 있었는지는 자료로서 확인되지 않는다. 『윤치호 일기』에 따르면 중앙학교 학감이었던 안재홍은 1916년 12월 말 YMCA로부터 자리를 제안을 받아 1917년 5월 말까지 활동했다.5) 따라서 연병호가 YMCA에서 안재홍과 친분을 쌓았다면 그 시점은 1917년 초로 보인다.

이후 연병호의 동향에 대한 일제측 문서에 따르면, 그는 학업 중단 후 1918년 6월경에는 서울에서 중국 상품과 한약 판매 등에 잠시 종사했다고 한다. 그러다가 1년 후인 1919년 6월 조용주의 '慫慂'으로 청년외교단을 결성했다고 보았다.6) 청년외교단 결성에 대해『독립신문』에서는 "연병호가 상해에 도항했다가 지난 4월 귀국하여 청년외교단을 결성했다"고 보도했다.7) 이후 청년

영사관 감옥에서 옥고를 치른 후 10월 상해로 전출되었다. 이상 연병환의 생애와 독립운동은 박걸순, 「延秉煥의 생애와 민족운동」, 『역사와 담론』 73, 호서사학회, 2015를 참조할 것.
4) 장석흥, 「연병호의 독립운동 방략과 노선」, 『역사와 담론』 제73집, 호서사학회, 2015, 42쪽.
5) 『국역 윤치호 영문일기』 5(1916.12.27일자), 국사편찬위원회, 333~334쪽; 『국역 윤치호 영문일기』 6(1917.5.31일자), 국사편찬위원회, 53쪽.
6) 朝鮮總督府 高等法院 檢事局, 「在南京不逞鮮人團體員事件」, 『思想彙報』 14호, 1938. 2.28, 254쪽.
7) 「兩團體가 打擊을 受함」, 『독립신문』, 1920년 1월 1일자.

외교단 단원으로 활동한 송세호는 "北京에서 함께 귀국한 조용주와 연병호를 서울에서 만나 단체에 가입했다"고 밝혔다.8) 이를 통해 보면 연병호는 어느 시점엔가 중국으로 건너갔다가 다시 국내로 돌아와 청년외교단을 결성한 것으로 보인다. 정확한 시점은 알 수 없지만 『독립신문』을 토대로 볼 때, 연병호는 임시정부가 수립된 1919년 4월경에는 상해에 있었고 이후 북경을 거쳐 국내로 돌아왔으며 이때 조용주와 동행했음을 알 수 있다.

청년외교단 결성 경위에 대해 선행연구에서는 국제외교 활동에 관심이 많았던 조소앙이 5월경 상해로 떠나자 상해에 있던 조용주와 연병호가 그의 외교활동을 지원하고자 국내로 돌아와 비밀결사 형태로 청년외교단을 결성했다고 보았다.9) 정황상 조소앙의 출국이 청년외교단 결성의 계기가 된 것은 사실로 보인다. 그런데 조소앙의 출국 당시 임시정부는 시정방침을 수립하고 활동을 시작했다. 1919년 4월 30일부터 5월 13일까지 개회된 제4회 임시의정원 회기 중 보고된 국무원의 시정방침에서는 특히 외교에 주안점을 두고 있었다.10)

당시 조소앙은 임시의정원 의원이자 국무위원을 역임하는 등 임시정부와 관계를 맺고 있었다. 따라서 조소앙의 출국은 단순히 개인적인 활동이었다기보다는 임시정부의 방침과 일정 정도 관련된 것으로 볼 수 있다. 그리고 이는 청년외교단 결성 또한 조소앙 개인 활동에 대한 지원이라기보다는 임시정부와의 관련 속에서 이해해야 함을 의미한다. 후술하겠지만 일제측은 청년외교단의 결성 목적을 '임시정부 지원'을 파악했고 청년외교단 결성 후

---

8) 『宋世浩被告判決文』, 『朝鮮統治史料』, 1986, 혜성문화사, 785쪽.
9) 장석흥, 「연병호의 독립운동 방략과 노선」, 46~47쪽; 김인식, 「안재홍의 '기미운동'과 임정법통성의 역사인식」, 479쪽.
10) 「臨時議政院紀事錄 第4回(1919.4)」, 『대한민국임시정부자료집』 2(임시의정원), 국사편찬위원회, 2005, 24~29쪽.

회원 모집에 나선 연병호가 안재홍에게 청년외교단을 소개하면서 '임시정부와 연락 중'이라고 언급하는 등 결성 초기부터 임시정부와의 관계를 강조했던 것이다.

이를 통해 보면 국내에서 자생적으로 결성된 다른 비밀결사와 달리 청년외교단은 단체 결성을 구상할 때부터 임시정부와 관련이 있었다고 볼 수 있다. 이 과정에서 연병호의 구체적인 역할은 확인되지 않는다. 다만 그의 상하이 체류 경험은 이후 청년외교단 결성과 운영에 있어 중요한 자산이 되었을 것으로 보인다. 청년외교단의 주도역할을 맡았던 연병호는 임시정부를 단순히 이름으로서만 이해한 것이 아니라 상하이 체류 기간 중 실체로서 임시정부의 수립과 동향을 직간접적으로 체감했을 것이다. 이는 청년외교단이 '임시정부 지원'을 단순히 구호로서 내거는데 그치지 않고 임시정부와 실질적인 교류를 모색하게 되는 토대가 되었다고 볼 수 있다.[11]

---

11) 장석흥은 청년외교단 결성 계기로 국내에서 상해로 청년들이 모여드는 상황을 지켜보던 鄭元澤이 조용주의 형 조소앙에게 청년단체 결성의 필요성을 제기한 사실에 주목해왔다. 하지만 시급히 청년단체 결성이 필요하다고 본 장소는 상해였고 상해 공동조계에 가옥을 빌려 청년들을 수용하고 폭탄제조기술과 무술을 가르쳤다. 이는 국내를 무대로 임시정부 외교활동을 지원한다는 청년외교단의 목적과 성격과는 다소 거리가 있어 재고의 여지가 있다고 생각한다(鄭元澤, 『志山外遊日誌』, 探求堂, 1983, 195~196쪽).

3. 연병호의 청년외교단의 외연 확대와 임시정부와의 교류 시도

1) 청년외교단 조직과 외연 확대

상해에서 서울로 돌아온 연병호와 조용주는 내부적으로는 한국인들에게 독립사상 선전, 밖으로는 임시정부 지원을 표방하며 청년외교단을 결성했다.[12] 이를 위한 첫 단계로 단원 모집을 시작하여 조용주가 李秉徹과 접촉했다. 이병철은 3·1운동 때 중앙기독교청년회를 중심으로 학생시위를 벌였고 대조선독립애국부인회를 지도·결성한 인물로, 조용주와는 일찍부터 알고 지낸 사이였다.[13] 청년외교단 가입과 관련하여 이병철은 조용주가 자신의 집으로 찾아와 '조용주 본인이 지금 임시정부원이 되어 독립을 위해 노력하고 이번에 임시정부의 代議士로서 돌아왔다면서 현재 서울에서 연병호와 청년외교단을 모집하고 임시정부와 연락하며 노력하고 있으니 단체의 총무가 되어 자금을 출자해줄 것을 요청했다'고 밝혔다.[14]

---

[12] 『大韓民國靑年外交團·大韓民國愛國婦人會事件判決書(이하 1심 판결서)』(『朝鮮統治史料』, 1986, 혜성문화사, 741쪽).
[13] 장석흥, 「연병호의 독립운동 방략과 노선」, 46쪽.
[14] 『1심 판결서(이병철 1회 심문조서)』, 743쪽. 조용주가 청년외교단 결성을 위해 이병철을 찾아가게 된 것은 애국부인회와의 관계 속에서 이해된다. 3·1운동 직후 곤경에 처한 독립운동가와 가족 구제 등을 목적으로 각각 결성된 혈성부인회와 대조선독립애국부인회에서 4월 중순 경 金元慶을 두 단체의 공동 대표로 선정하고 임시정부에 파견했다. 이때 김원경과 동행하여 상해로 간 인물은 임시정부 통신원 林得山이었다. 그는 상해 도착 후 조용주를 만났다고 밝혔다. 임득산은 청년외교단 결성 전 조직된 대조선독립애국부인회에 자금을 지원하던 이병철을 만났고, 조용주는 귀국 직후인 음력 5월 중순 이병철을 찾아가 청년외교단 결성을 알리며 그를 총무로 섭외하고 자금 지원을 요청했다. 이는 조용주가 이병철을 찾아가게 된 계기가 상해에서 임득산을 만나 소식을 들었기 때문으로도 볼 수 있다. 다만 여기서 시점상의 문제가 대두되는데, 이병철의 예심 제2회 신문조서 공술에 따르면 김원경과 함께 상해로 갔다가 음력 5월 하순 경 상해에서 다시 서울로 돌아온 임득산이 상해에서 조용주를 만났고,

연병호는 이병철이 총무직을 수락한 다음날 만났다. 이병철은 이에 대해 연병호가 '각지에서 단원을 모으고 있는 중'이라고 발언했다고 했다. 이로 보면 당시 연병호는 조용주와 별개로 단원 모집 중이었음을 알 수 있다. 연병호가 청년외교단에 영입한 인물은 안재홍이었다. 전술한 바와 같이 안재홍과는 연병호가 경성기독교청년회관 영어과 재학 당시 인연을 맺은 바 있었다. 안재홍은 연병호가 1919년 7월경 자신의 집으로 찾아와 청년외교단 결성 사실을 알리며 '현재 임시정부와 연락 중'이라고 소개했다고 한다.[15] 그러나 처음부터 단체 가입을 제안한 것은 아니었고 먼저 청년외교단의 규칙서를 검토해달라고 요청했다가 다음날 단체 가입을 제안했다고 밝혔다.[16]

안재홍은 청년외교단에 가입한 시점을 7월로 밝혔는데 이때는 이미 단원 모집과 조직 기반 구축이 한창 진행되던 때였다. 안재홍 가입 이전에 鄭樂倫, 柳興植, 金鴻植, 李敬夏 등이 청년외교단에 가입했고 특별단원, 외교원, 간사장, 단원 등 직책도 부여된 상태였다.[17] '대한민국청년외교단'이라는 글자를

조용주가 두 부인회를 합동하고 함께 독립을 위해 힘쓰기를 바란다는 말을 전달했다고 하였다. 그런데 5월에서 늦어도 6월 초로 알려진 청년외교단의 결성시점을 고려하면 이는 다소 설명하기 어려운 대목이다. 자료에서 양력과 음력을 엄밀히 구분하지 않아 정확한 시점이 판단되지 않기 때문에 지금으로서는 단정하기 어렵지만 향후 자료 확보를 통해 청년외교단 결성과 애국부인회와의 관계를 보다 면밀히 추적해볼 필요가 있다.

[15] 김인식은 안재홍 심문조서를 근거로 가입시점을 7월 초순으로 추정하였다.(김인식, 「안재홍의 '기미운동'과 임정법통성의 역사인식」, 483쪽).
[16] 『1심 판결서』, 745쪽. 안재홍은 최숙자의 집에서 연병호와 이병철을 함께 만났다고 했으며 가령 가맹하지 않더라도 상담 상대가 되어 말라고 말하기에 가능한 상담을 해주겠다는 뜻으로 대답했다고 하였다. 반면 이병철의 1회 예심조서에 따르면 자신이 연병호과 함께 안재홍과 만났다는 말은 없고 대신 연병호가 찾아와 안재홍이 '학식과 명예가 있는 사람'이라면서 총무로 추대했으니 함께 역할을 해주기 바란다고 요청하기에 승낙했다고만 하여 다소 차이가 있다.(『控訴에 대한 판결서』, 769쪽).
[17] 이들 중 정낙윤, 유흥식이 충북 충주, 이강하가 대전 출신으로 충청권 인사였다. 충북 괴산이 고향인 연병호가 충청권 인사의 영입에 어떤 역할을 했는지는 분명치 않다.

새긴 단체의 인장 또한 준비되어 있었다. 안재홍의 영입은 이러한 준비를 마친 다음 성사된 것으로 보인다. 이로서 조용주의 섭외로 재력을 갖춘 이병철이 활동자금을 맡고 연병호의 섭외로 학식과 명예가 있는 안재홍이 규칙과 강령 작성 등 조직 운영의 방향성을 정하는 2인 총무책임제로 조직이 완성되었다.

안재홍 영입으로 청년외교단 조직 구성이 어느 정도 일단락되자 조용주는 이병철에게 안재홍을 총무로 추대한다고 승낙을 받은 지 열흘 정도 후 상하이로 떠났다.[18] 이때 조용주와 같은 외교원 신분이었던 연병호는 조용주와 함께 상하이로 가는 대신 국내에 남았다. 그 이유는 확인되지 않지만 만 조용주가 상하이로 떠난 후 다시 국내로 돌아와 청년외교단에 복귀하지 않으면서 사실상 청년외교단의 실무 역할은 연병호가 맡았다. 결국 청년외교단 결성은 조용주와 연병호가 주관했지만 청년외교단의 운영에는 연병호의 역할이 컸던 것이다.

조용주가 상해로 떠난 후 연병호는 특별단원 정낙윤, 그리고 정낙윤의 소개로 청년외교단에 가입한 羅昌憲 등과 조직 확대 작업을 계속해나갔다. 그 결과 중앙부 재무부장과 대전지부장, 회령지부장이 새롭게 선임되었다. 총무 이병철을 찾아가 각지의 지부장에게 배포할 목적으로 신임장 90매 인쇄를 요청하기도 했다.[19] 실제 청년외교단 지부가 설치된 지역은 대전, 충주, 회령

유흥식, 즉 유자명은 충추 농업학교 교원으로 재직 중 3·1운동을 준비하다 사전에 일경에 발각되어 서울로 피신하게 되었고, 동향 출신인 정낙윤 집에 머물다가 이병철을 만나 청년외교단에 가입하게 되었다면서 단체 가입이 정낙윤 때문이라고 밝혔다. (류자명, 『유자명 수기 - 한 혁명자의 회억록』, 독립기념관 한국독립운동사연구소, 1999, 33~34쪽).

18) 『控訴에 대한 판결서(이병철 1회 예심조서)』, 769쪽.
19) 『1심 판결서(이병철 1회 심문조서)』, 743쪽.

와 중국 상하이 4곳이었지만 연병호가 신임장 90매를 확보했던 것은 그 정도만큼 지부조직을 확장해 나가려는 계획이 있었음을 짐작케 한다.[20]

2) 임시정부와의 교류 시도

청년외교단은 조직 확대와 동시에 국내에서 독립의지 고취를 위한 선전활동을 전개했다. 이에 1919년 8월 29일 강제병탄일에 청년외교단 중앙부 명의로 국치기념경고문을 작성하고 300여 장을 서울 시내에 인쇄·배포했다. 9월 2일에는 일제의 정보 차단에 맞서 국내외 정세 동향을 알리고자 편집부에서 『外交時報』를 발간하고 200여 부를 배포했다.[21] 경고문은 조용주가 기초하고 『외교시보』는 李儀景이 작성을 맡았다. 이때 자금은 이병철이 지원했고 安佑璿이 인쇄하여 나창헌이 배포했다.[22]

이러한 청년외교단의 선전활동에 연병호의 직접적인 역할을 확인되지 않는다. 연병호는 그보다는 임시정부와의 교류에 관여했다. 청년외교단은 1919년 7월경 임시정부에 건의서를 제출하고 독립운동 자금을 지원했다. 이러한 활동이 7월경 추진될 수 있었던 것은 1919년 7월 16일 임시정부 내무부에서 함경남도 특파원으로 임명되어 국내로 파견된 李鍾郁이 청년외교단 상해지

---

[20] 청년외교단의 조직 구성과 역원은 다음과 같다. 중앙부: 총무(안재홍, 이병철), 외교부장(金演祐), 재무부장(金泰圭), 편집국장(李義敬), 간사장(金鴻植), 외교원(조용주, 연병호, 유흥식), 외교특파원(李鍾郁, 조소앙), 특별단원(정낙륜), 국내지부: 대전지부(李浩承), 회령지부(羅大化), 충주지부(尹宇榮) / 해외지부: 상해지부(宋世浩)
[21] 『1심 판결서』, 741쪽. 『외교시보』에 따르면 1919년 8월 29일 오후 3시 경 종로 일대에서 만세시위가 전개되었다고 한다. 청년외교단이 작성한 국치기념경고문 말미에 만세시위를 촉구하는 문구가 있긴 했지만 청년외교단이 실제 시위에 관여하여 주도적으로 참여했는지는 확인되지 않는다.
[22] 「青年外交團員檢擧に關する件」, 金正明 編, 『朝鮮獨立運動·民族主義運動』 권 1, 原書房, 501쪽.

부장 宋世浩의 소개로 청년외교단을 찾아왔기 때문이다.

당시 임시정부는 국내 정세를 파악하고 국내와 연계하여 국민적 기반을 확보하고자 했다. 이에 임시정부의 국내 행정망인 연통제와 연락망인 교통국 설치를 구상하고 1919년 7월 10일 국무원령 제1호로「臨時聯通制」를, 8월 20일에는 국무원령 제2호로「臨時地方交通事務局章程」을 발표하여 시행했다. 1919년 7월 중순부터는 임시정부 내무부에서 정황 시찰 등 국내 정보 수집 업무를 수행하는 정보요원인 특파원을 파견했다.[23]

이처럼 임시정부가 국내와 연계를 구상하고 특파원을 파견하여 활동을 모색하면서 청년외교단과 임시정부의 교섭도 추진될 수 있었다. 이때 연병호는 임시정부 특파원 자격으로 이종욱이 청년외교단을 찾아오자 먼저 그를 만나 임시정부와의 교류방안을 논의한 것으로 보인다. 이어서 청년외교단의 두 총무인 이병철과 안재홍을 찾아가 각각 임시정부 자금 지원과 임시정부에 보낼 건의서 작성을 협의했다.

그중 임시정부 자금 지원과 관련하여 이병철은 연병호가 자신을 찾아와 후원금을 요청했다고 밝혔다. 연병호가 이병철에게 '이번에 이종욱이 상해 임시정부에 가기로 했고 이때 임시정부에 송금하기 위해 송세호와 김홍식이 각각 100원씩을 출금했다면서 이병철도 350원을 지원할 것'을 요청했다는 것이다.[24] 이에 대해 이병철은 연병호가 '이종욱의 使喚' 자격으로 자신을 찾아왔다고 언급했다. 이는 연병호가 이병철의 증언대로 이종욱을 대신한 심부름 역할을 해서라기보다는 후원금 모금에 대해 연병호와 이종욱 간에 사전 협의가 있었고 그 후 연병호가 임시정부로 보낼 자금을 마련하고자 청년외

---

[23] 한시준,「대한민국임시정부의 국내 정보활동」,『한국근현대사연구』제15호, 한국근현대사학회, 2000, 68~72쪽.
[24] 『1심 판결서(이병철 1회 심문조서)』, 744쪽.

교단에서 주로 재정 지원을 맡았던 이병철을 찾아가 설득을 맡았다는 선후 관계로서 이해된다.

다음으로 연병호는 임시정부에 보낼 건의서 준비도 맡았다. 이를 위해 먼저 송세호, 나창헌 등과 협의하여 임시정부에 건의서를 송부할 것을 결정하고 연병호가 초안을 起草했다.25) 청년외교단의 주장이 담긴 건의서는 6개 항목으로 내용은 크게 세 가지였다. 첫째 임시정부를 중심으로 한 단결과 통일 촉구, 둘째 임시정부의 국내 연계 일환으로서 서울에 국내 독립운동 중추기관인 교통본부 설치 건의, 셋째 세계 각국과 일본에 외교원 파견 및 조소앙의 국제연맹 파견 요구였다.26) 특히 외교에 관한 사항은 건의서 항목의 절반을 차지할 만큼 중점을 두었다.

---

25) 김인식은 건의서 작성을 안재홍이 주필이 되어 작성한 것으로 보았다(김인식, 「안재홍의 '기미운동'과 임정법통성의 역사인식」, 『韓國人物史研究』 제18호, 486쪽). 『고등경찰요사』, 그리고 『독립신문』, 1920년 1월 1일자에서도 안재홍이 작성한 것으로 언급했다(류시중·박병원·김희곤 역주, 『국역고등경찰요사』, 선인, 2010, 354쪽). 그러나 당사자인 안재홍이 "연병호가 상해 임시정부에 건의서를 보낼 작성으로 起草한 것에 대해 불비한 점이 있다면 보정해달라고 서류를 제시했기에 보정해주었다"면서 건의서 초안을 연병호가 작성했다고 진술한 것으로 보면 건의서 작성자는 연병호로 보는 편이 보다 설득력 있다(『1심 판결서(이병철 1회 심문조서)』, 746쪽).

26) 건의서의 내용은 다음과 같다.
　1. 理想과 主義의 大旗幟下에 各派의 大贊協同을 標榜하야 萬一의 感情의 衝動의 弊害가 없도록 專力할 것
　1. 內閣 各部總長은 上海에 集中하야 政務의 統一을 期할 것
　1. 列國政府에 直接外交員을 特派하야 外交事務를 急進的 擴張케 할 것
　1. 日本政府에 外交員을 派遣하야 國家의 獨立을 正面으로 要求할 것
　1. 內外의 策應을 緊密且專一케하기 위하야 政府로부터 人員을 派遣하여 內地 各團體及宗派間의 代表者와 協議한 後 京城에 交通本部를 設置하야 一切策動의 中樞機關을 作成케 할 것
　1. 適材를 廣聚하야 輿論을 喚起하기 위하야 趙鏞殷君에게 至急 信任狀을 交付하야 聯盟會議에 派遣하여 外交事務를 執行케 할 것(「靑年外交團員의 檢擧記錄」, 『韓國獨立運動史』 3, 국사편찬위원회, 1968, 502~503쪽).

청년외교단에서 준비한 건의서의 골자는 당시 임시정부의 정책과 궤를 같이하는 것이었다. 당시 임시정부는 통합 임시정부 수립을 위한 작업을 추진 중에 있었고 국내와의 연계를 위해 연통제를 이미 시행한데 이어 교통원을 파견 중에 있었다. 건의서에서 특별히 강조한 외교는 임시정부의 중점사항이기도 했다. 임시정부는 파리강화회의에서 소기의 성과를 거두지 못하자 1919년 10월 미국 워싱턴에서 개최 예정인 국제연맹회의에 외교력을 집중한다는 계획으로 1919년 7월부터 김규식과 서재필의 국제연맹회의 파견 검토를 비롯하여 외교원 증가, 국제연맹회의에 제출할 안건 준비 등이 추진되고 있었다.27)

그런데 이종욱이 이병철을 찾아와 독립운동 자금을 수령한 지 3일 후 연병호가 이병철에게 임시정부에 보내는 건의서를 보여주었다는 증언으로 보면 건의서 작성은 이종욱의 상해행에 맞춰 급박하게 추진되었다고 볼 수 있다.28) 결국 건의서의 내용 검토에 충분한 시간이 할애되기 어려웠다는 점에서 건의서 내용은 일차적으로 건의서 초안을 작성한 연병호의 의견으로 보인다.

연병호가 임시정부의 정책과 유사한 내용의 건의서를 작성할 수 있었던 데에는 일차적으로 임시정부 특파원 이종욱으로부터 임시정부의 동향을 전달받았기 때문으로 보인다. 또는 안재홍이 건의서 교정을 맡은 사실로 보아 교정과정에서 안재홍의 구상이 반영되었을 개연성도 크다. 하지만 청년외교단의 결성 목적이 처음부터 임시정부 지원에 있었고 단체의 실무를 연병호가 주관해왔다는 점에서 임시정부와의 교류를 염두에 둔 연병호가 지속적으로 임시정부의 동향과 정책을 예의주시하면서 이러한 인식이 건의서에 반영

---

27) 「臨時議政院紀事錄 第5回(1919.7)」, 『대한민국임시정부자료집』 2(임시의정원Ⅰ), 국사편찬위원회, 2005, 32~33쪽.
28) 『控訴에 대한 판결서(이병철 1회 예심조서)』, 769쪽.

될 수 있었던 것이 아닌가 짐작된다.

이후 건의서는 발송자를 청년외교단 총무인 안재홍과 이병철 공동 명의로 하고 독립운동 자금과 함께 특파원 이종욱 편에 임시정부로 전달되었다. 청년외교단이 보낸 건의서와 자금을 수령한 임시정부는 1919년 8월 6일자 재무총장 최재형 명의로 이병철을 애국금 수납위원으로 임명한다는 임명장과 수합위원 信標를 발급했다.29) 건의서에 대해서는 국무총리 대리 안창호 명의의 국무원 제155호 9월 8일자 공문으로 회신했다. '建議를 嘉納함'이라는 문구로 시작한 공문은 '건의를 嘉納했으나 협상의 여지가 있다'면서 건의서의 6개 항목 모두에 대해 각각 회답하고 공문의 마지막에는 '향후 계속해서 의견을 보내줄 것'을 요청했다.30)

청년외교단이 보낸 건의서와 자금 수령에 대한 반응 이외에 임시정부는 1919년 9월 5일 발행한 임시정부 공보 제2호에서 발행일과 같은 날인 9월 5일 '在京城 大韓青年外交團中央部가 8월 29일 국치기념의 시위계획을 보고했다'는 사실을 소개했다.31) 청년외교단 간부 가운데 상해측과 부단히 연락을 취하고자 파견된 사람도 있고 기타 십 수 명의 관계자도 있었다고 한다.32) 그중에는 청년외교단 외교원으로 6월경 상해로 파견된 후 1919년 8월 개회된 제6회 임시의정원 회의에서 충청도 의원으로 선출된 유자명이 대표적이었다.33)

---

29) 「青年外交團員의 檢擧記錄」, 『韓國獨立運動史』 3, 국사편찬위원회, 1968, 504쪽.
30) 가납서의 주요 내용은 청년외교단의 건의를 그대로 수용한다기보다는 기회를 보아 상황을 고려하여 인원을 파견하여 정한다는 등의 형태로 대답했다. 조소앙을 국제연맹에 파견하는 문제 또한 김규식의 의향에 따라 정한다면서 즉답을 피했다.
31) 「大韓民國臨時政府公報 第2號(1919.9.5)」, 『대한민국임시정부자료집』 1(헌법·공보), 국사편찬위원회, 2005, 37~38쪽.
32) 「兩國體가 打擊을 受함」, 『독립신문』, 1920년 1월 1일자.
33) 「臨時議政院紀事錄 第6回(1919.8)」, 『대한민국임시정부자료집』 2(임시의정원 I), 국

임시정부의 반응은 청년외교단에 대한 단순한 회신에 그친 것이 아니라 향후 지속적인 자금 지원과 공조를 기대했다고 볼 수 있다. 이러한 관심은 1919년 9월 임시정부의 이종욱 재파견으로 이어졌다. 9월 8일 경기도특파원으로 파견된 이종욱은 다시 청년외교단을 찾아와 앞서 언급한 임시정부의 문서를 전달하고 청년외교단에 독립운동 상황 조사 업무를 맡긴다는 임시정부의 지령도 추가로 전달했다. 이는 사실상 연통부 역할을 수행해달라는 임시정부의 입장이 반영된 것이었다.34) 이처럼 청년외교단과 임시정부의 교류는 청년외교단의 일방적 활동에 그친 것이 아니라 임시정부의 호응으로 이어졌고 여기에는 청년외교단을 실무적으로 이끌며 임시정부와의 교류를 위해 청년외교단 내에서 중개역할을 맡았던 연병호의 역할이 컸다고 볼 수 있다.

4. 연병호의 청년외교단의 조직개편 시도 노력과 좌절

임시정부와의 교류 이외에 연병호가 청년외교단에서 주도적으로 추진한 것은 조직의 확대 개편이었다. 연병호는 청년외교단이 '현재와 같은 소규모 단체로는 독립운동을 완전히 수행할 수 없으므로 주의를 함께 하는 각지의 단체를 한 덩어리로 묶고 또 범위를 확장해야 한다'고 인식하고 청년외교단의 확대 개편을 추진했다.35) 이에 국내 각 독립운동 단체와의 통합을 조직개편의 기본 방침으로 잡은 연병호는 '청년외교단'이라는 단체의 명칭이 범

사편찬위원회, 2005, 41쪽.
34) 『독립운동사』 제4집(임시정부사), 독립운동사편찬위원회, 1972, 1983, 450쪽.
35) 『국역고등경찰요사』, 354쪽

위가 협소한 측면이 있다고 보고 '倍達靑年黨'으로 개칭할 것을 제안했다. 개편 작업에 기초가 되는 강령·규칙 작성은 안재홍에게 맡겼다.36)

선행연구에서는 청년외교단의 조직개편 구상이 7월경 임시정부에 보낸 건의서 제5항의 '국내에 일체 책동의 중추기관 성립'을 담당하려는 목적의 일환이었다고 파악했다.37) 임시정부에 보낸 건의서를 작성한 연병호가 그 실천방략 중 하나로서 청년외교단 조직 확대에 나선 것은 당연한 것이었다. 하지만 연병호의 청년외교단 조직개편 시점이 임시정부로부터 가납서 수령과 일정정도 관계가 있는지는 분명치 않다. 이종욱을 통해 연병호가 가납서를 전달받은 시점이 9월경과 10월 초순으로 자료마다 차이가 있기 때문이다.38)

이와 관련하여 안재홍은 연병호가 자신을 찾아와 안재홍 명의로 건의서를 임시정부에 보내게 된 경위를 설명한 후 단체 확장에 대한 제안이 있었다고 밝혔다.39) 이때 안재홍의 언급에 임시정부로부터 가납서가 왔다는 사실은 거론되지 않았다. 이를 통해 보면 연병호는 청년외교단 조직 개편을 먼저 시작했고 가납서는 청년외교단 조직 개편 중간 즈음에 전달된 것이 아닌가 짐작된다.

한편 청년외교단이 조직 확대를 추진하던 당시 임시정부는 1919년 10월 개최 예정인 국제연맹회의에 대비하여 국제 사회에 호소력을 높이고자 국내에서 3·1운동에 이은 두 번째 대규모 시위운동을 계획 중에 있었다. 이에

---

36) 『控訴에 대한 판결서(안재홍 예심조서)』, 772~773쪽.
37) 장석흥, 「대한민국청년외교단연구」, 15쪽; 김인식, 「안재홍의 '기미운동'과 임정법통성의 역사인식」, 488쪽.
38) 안재홍은 9월경 연병호에게 가납서가 도착했다는 말을 들었다고 한 반면, 관련인사 체포 직후 경상북도 제3부에서 조사 발표한 고경 문건에서는 가납서 전달 시점을 10월이라고 하여 차이가 있다.(『1심 판결서(이병철 1회 심문조서)』, 746쪽; 「靑年外交團員檢擧に關する件」, 金正明 編, 『朝鮮獨立運動-民族主義運動』 권 1, 原書房, 501쪽).
39) 『控訴에 대한 판결서(안재홍 예심조서)』, 772~773쪽.

따라 9월 초부터는 임시정부에서 파견되어 국내로 잠입한 특파원들이 국내 비밀결사와 접촉하여 연대를 모색하고 2차 시위 실행을 위한 준비에 나섰다.[40] 이 시기에 추진된 청년외교단의 확대 개편은 시기적으로 국내 비밀결사와 연계를 구체화하려는 임시정부의 구상과 부합했다고 볼 수 있다. 임시정부에서 이 시기에 청년외교단 앞으로 가납서를 송부하고 연통제 역할을 맡긴 것은 청년외교단에 대한 관심과 기대가 컸음을 의미한다.

하지만 청년외교단이 임시정부가 계획한 2차 시위에 관여한 흔적은 확인되지 않는다. 결성 당시부터 임시정부의 활동 지원을 목적으로 하였고 조직 확대를 추진 중인 청년외교단이 임시정부의 국내 활동 계획에 관여하지 않은 상황은 다소 이례적이다. 이와 관련하여 주목되는 점은 총무 이병철이 국치기념경고문 등 관련 혐의로 구인되었다가 불기소 처분으로 출감된 사실이다. 이때 이병철은 출감 후 '청년외교단 관계 서류와 도장 등을 소지하고 있으면 위험하다'면서 서둘러 처분하려고 했다고 한다.[41] 9월 중순이 되면서 청년외교단 간사장 김홍식을 시작으로 재무부장 김태규 등 관계 인사들이 9월 중순부터 10월 하순에 걸쳐 잇따라 국내를 떠났다.[42]

이러한 분위기 속에서 연병호 또한 국내를 떠날 수밖에 없었다. 송세호의 증언에 따르면 '어느 날 연병호가 작은 가방을 들고 이종욱의 숙소로 찾아와

---

40) 임시정부가 국내 비밀결사와 연계하여 1919년 하반기 추진하고자 했던 2차 시위 관련 내용은 김은지, 「대한민국 임시정부의 제2차 독립시위운동」, 『한국독립운동사연구』 제44집, 독립기념관 한국독립운동사연구소, 2013을 참조할 것.
41) 『控訴에 대한 판결서(이병철 1회 예심조서)』, 770쪽. 이병철은 자신이 송세호에게 맡긴 청년외교단 관계 서류와 도장을 송세호가 연지동 '이병호 집'에 묻어두었다고 들었다고 진술하였다. 청년외교단과 관련하여 '이병호'라는 이름이 이때 처음 등장하는데 연병호를 이병호로 잘못 언급한 것인지는 판단하기 어렵다.
42) 「靑年外交團員檢擧に關する件」, 金正明 編, 『朝鮮獨立運動-民族主義運動』 권 1, 原書房, 501쪽.

청년외교단의 존속에 대해 협의했다'고 밝혔다. 이때 연병호는 '이병철이 병이 들었고 경관의 주목을 받고 있어 임무를 맡는 것이 불가능하고 단체의 사무에 대해서도 당초 목적대로 실행이 어렵다'면서 청년외교단을 해산하던지 또는 자신 이외의 다른 사람으로 단체를 계속 유지하던지 둘 중 하나를 선택해달라고 했다는 것이다.[43]

이처럼 청년외교단은 조용주가 상해로 떠난 후 연병호의 주도로 활동을 전개했으나 총무 이병철의 구인 이후 위기감이 고조되면서 활동이 위축될 수밖에 없었다. 이에 임시정부의 국내 활동계획에 동참하지 못한 채 관계 인사들이 국내를 떠나기 시작했고 사실상 단체 와해 수순으로 이어졌다. 경상북도 警務局은 '유력한 증거'를 얻어 11월 초순부터 내사를 시작하였는데 연병호는 내사 한 달 전인 10월 2일 경 국내를 떠나면서 검거를 피할 수 있었다. 그러나 청년외교단의 두 총무였던 이병철은 11월 20일, 안재홍은 11월 27일 각각 피체되면서 청년외교단의 활동은 중단되었다.[44]

---

[43] 『송세호 공소 판결서』, 786쪽.
[44] 청년외교단의 발각 소식은 중국, 일본신문에까지 보도될 만큼 많은 관심을 받았다. 심지어 미국에 있는 이승만에게까지 소식이 전해졌다. 현순은 국내 상황을 소개하면서 "月前에 京城에서는 愛國婦人團 團長의 金마리아와 黃에스터가 敵에게 被捉되고 靑年外交團 總務 安在鴻과 朴秉澈 等이 또흔 敵에게 被捉되엿스나 恒常 前仆後繼로 進行ᄒ며"라고 이승만에게 알렸다. 1919년 9월 이후 국내 독립운동 단체와 연대를 강화해나가며 2차 시위까지 구상하고 있던 임시정부 입장에서 청년외교단의 와해는 큰 손실이었을 것이다.(한인들 여전히 적극적으로 독립운동 진행", 『民國日報』, 1919.12.29일자; "기독교 신자로 이루어진 조선부인 음모단 체포", 『朝日新聞(東京版)』, 1919.12.19일자; "비밀결사의 내부사정 폭로하여 조선의 음모단 근저에서부터 전복, 주모자 등 검거", 『讀賣新聞』, 1919.12.20일자; "현순이 이승만에게 보낸 서한(1920. 1.17)", 『대한민국임시정부자료집』 42(서한집Ⅰ), 국사편찬위원회, 2011, 45쪽.

5. 맺음말

　청년외교단은 3·1운동의 결실로 수립된 임시정부 지원을 목적으로 국내에 결성된 비밀결사단체였다. 임시정부 수립 당시 중국에 머물던 연병호는 조용주와 함께 국내로 들어와 청년외교단을 결성했다. 청년외교단은 이병철, 안재홍 2인 총무제로 운영되고 연병호는 청년외교단의 외교원 자격이었지만 조용주가 상해로 떠난 후 국내에 남아 청년외교단의 실무를 주관했다. 연병호가 청년외교단의 주역이었음은 이병철, 안재홍 등의 심문을 통해서도 입증된다.

　청년외교단에서 조직 정비와 운영 이외에 연병호가 주도적으로 관여한 것은 임시정부와의 연계였다. 연병호는 임시정부로 보내는 자금 모금을 주선하고 청년외교단 총무 명의로 6개 항의 건의서를 작성하여 임시정부에 전달될 수 있도록 했다. 또한 청년외교단의 확장 개편을 시도하며 외연을 넓히고자 했다. 청년외교단의 노력에 임시정부도 관심을 갖고 가납서를 회신했을 뿐만 아니라 국내 정보 수집 등을 추가로 요청하며 청년외교단이 연통제 역할을 해줄 것을 기대했다. 그러나 1919년 11월경 청년외교단이 일경에 발각되면서 더 이상 활동을 이어갈 수 없었다.

　연병호는 일경의 피체가 시작되기 직전인 1919년 10월 초순 국내를 떠났다. 이에 다행히 검거는 피할 수 있었지만 1920년 6월 29일 대구지방법원에서 궐석으로 진행된 재판에서 총무 이병철, 안재홍 등과 같은 징역 3년형을 선고받았다. 이 때문에 더 이상 국내에서 활동하지 못하고 북간도 안도현 일대에 머물며 1921년까지 독립군으로 활동하다가,[45] 1922년에는 상해로 건너가

---

[45] 연병호는 1919년 말 북간도 안도현에 근거지를 둔 대한정의단군정사에 합류하여 총재를 보좌하는 참모 역할인 심판과장을 맡았다. 1921년 7월 일제측 첩보에서는 광복

제10회 임시의정원 충청도 의원으로 선출되었다.[46] 연병호는 이때 청년외교단 관련 인사인 조소앙 등과 함께 世界韓人同盟會를 결성했고,[47] 정국 쇄신을 목적으로 결성된 留滬靑年會에서는 9명의 조사위원 중 한 명으로 선출될 만큼 독립운동가로서 위상을 인정받았다.[48]

이후 상해를 떠나 북경과 만주 일대에서 활동하던 연병호는 1929년 경 남경으로 자리를 옮겨 韓國革命黨, 新韓獨立黨 결성에 참여했다. 임시의정원을 떠난 지 10년 만인 1933년에는 제26회 임시의정원에서 충청도 의원으로 다시 한 번 참여하여 1935년 10월까지 의정 활동을 이어나갔다. 그의 활동은 1937년 1월 상해에서 일경에 피체되면서 중단되었다. 1919년 10월 초 청년외교단 발각 직전 국내를 떠난 지 20여 년 만에 국내로 다시 압송된 그는 치안유지법 위반 혐의로 6년 형을 선고받아 옥고를 치렀다.

이처럼 20여 년 간 계속된 연병호의 독립운동 생애에서 청년외교단은 그가 처음 시작한 독립운동이자 유일하게 국내에서 전개한 활동이었다. 청년외교단은 1919년 5월부터 11월까지 비록 7개월 간 존속되었지만 국내에서 임시정부에 대한 기대가 어느 때보다 높고 임시정부에서도 국내와의 연계에 관심을 쏟던 상황에서 임시정부 지원을 목적으로 한 청년외교단의 결성과 청년외교단에서 임시정부와의 교류를 맡은 연병호의 역할과 의의는 대한민

단 독립산포대에서 수령으로 활동 중이라고 파악했다.(高警第24216號, 1921.8.10,「間島 및 그 接壤地方에 있어서 不逞鮮人團」,『不逞團關係雜件-朝鮮人의 部-在滿洲의 部 29』).
[46] 「臨時議政院紀事錄 第10回(1922.2)」,『대한민국임시정부자료집』2(임시의정원 I), 국사편찬위원회, 2005, 124쪽.
[47] 機密受제176호-高警제2760호, 1922.9.2,「上海情報」,『不逞團關係雜件-朝鮮人의 部-在滿洲의 部 33』.
[48] 機密 제197호, 1922.6.14,「留滬靑年臨時大會 開催狀況의 件」,『不逞團關係雜件-鮮人의 部-在上海地方 4』.

국 임시정부 수립 100년을 맞이하는 지금 다시 한 번 새롭게 조명되어야 할 것이다.

참고문헌

『民國日報』, 『朝日新聞(東京版)』, 『독립신문』.

국사편찬위원회 편, 『대한민국임시정부자료집』 2(임시의정원Ⅰ), 국사편찬위원회, 2005.
국사편찬위원회 편, 『대한민국임시정부자료집』 1(헌법·공보), 국사편찬위원회, 2005.
국사편찬위원회 편, 『대한민국임시정부자료집』 42(서한집Ⅰ), 국사편찬위원회, 2011.
金正明 編, 『朝鮮獨立運動-民族主義運動』 권 1, 原書房, 1967.
독립운동사편찬위원회 편, 『독립운동사』 제4집(임시정부사), 독립운동사편찬위원회, 1972.
류시중·박병원·김희곤 역주, 『국역고등경찰요사』, 선인, 2010.
류자명, 『유자명 수기 - 한 혁명자의 회억록』, 독립기념관 한국독립운동사연구소, 1999.
鄭元澤, 『志山外遊日誌』, 探求堂, 1983.
『朝鮮統治史料』, 慧星文化社, 1986.
『韓國獨立運動史』 3, 국사편찬위원회, 1968.

김은지, 「대한민국 임시정부의 제2차 독립시위운동」, 『한국독립운동사연구』 제44집, 독립기념관 한국독립운동사연구소, 2013.
김인식, 「안재홍의 '기미운동'과 임정법통성의 역사인식」, 『韓國人物史研究』 제18호, 한국인물사연구소, 2012.
박걸순, 「延秉煥의 생애와 민족운동」, 『역사와 담론』 73, 호서사학회, 2015
장석흥, 「대한민국청년외교단연구」, 『한국독립운동사연구』 2, 독립기념관 한국독립운동사연구소, 1988.
장석흥, 「연병호의 독립운동 방략과 노선」, 『역사와 담론』 제73집, 호서사학회, 2015.
한시준, 「대한민국임시정부의 국내 정보활동」, 『한국근현대사연구』 제15호, 한국근현대사학회, 2000.

김마리아의 국내에서의 독립운동과 대한민국애국부인회

황민호 (숭실대 사학과 교수)

김마리아의 국내에서의
독립운동과 대한민국애국부인회

황민호 (숭실대 사학과 교수)

1. 머리말

김마라아는 1892년 7월 11일(음력 6월 18일) 黃海道 長淵郡 大救面 松川里 소래마을에서 아버지 광산김씨 彦淳과 어머니 무장김씨 蒙恩의 셋째 딸로 태어났으며, 원명은 常眞이고, 異名은 槿圃였다.[1] 마리아의 집안은 조선초기부터 장연군지역에 뿌리를 내리고 살면서 일찍이 소래마을 중심으로 기독교 신앙을 수용했던 것으로 보인다.[2]

부친은 마리아가 3살이 되던 해에 사망하였으며, 1905년 11월 어머니마저 복막염으로 별세하자 1906년 숙부 김용순과 김필순이 있는 서울로 이주하였다. 이후 이화학당에 입학하였으나 2주 만에 자퇴하고 연동여학교(정신여학교의 전신)로 진학하여 언니와 고모들과 함께 수학하였다.

---

[1] 박용옥, 『김마리아-나는 대한의 독립과 결혼하였다』, 홍성사, 2003, 16쪽.
[2] 전병무, 『한국 항일여성운동의 대모 김마리아』, 한국독립운동사연구소, 2015.

1910년 6월 16일 정신여학교를 4회로 졸업하였으며, 전남 광주 수피아여고 교사로 부임하였다. 1912년 가을 일본의 히로시마(廣島) 고등여학교에서 1년 동안 유학했는데 마리아의 작은언니 김미렴은 1920년 6월 6일자『동아일보』와의 인터뷰에서 '마리아가 14살 되던 해(1905)에 어머니가 돌아가시면서 삼형제 중에 위로 둘은 못하더라도 끝으로 마리아는 기어코 외국까지 유학을 시키라는 곡진한 말씀이 있었음으로 우리도 어머니의 유언을 뼈에 삭이어 어디까지든지 마리아를 공부시키려하였습니다'라고 하기도 하였다.3)

1913년 김마리아는 국내로 돌아와 정신여학교의 교사로 활동하였으나 1915년에 다시 정신여학교 루이스교장의 주선으로 東京女子學園에 유학하여 영문학을 전공하였다. 이 시기 김마리아는 동경여자유학생친목회에 적극적으로 참여하여 회장으로 활동하였으며, 동경에서 개최된 2·8독립선언대회에 여성대표로 참석하였으며, 2·8독립선언서를 몸에 숨기고 국내로 들어와 3·1운동의 전개에 일익을 담당하였다. 3·1운동 당시에는 이화학당 교사인 박인덕·나혜석 등과 함께 항일부녀단체의 조직과 확대방안을 논의하며, 3월 6일 정신여학교 교무실에서 日警에게 체포되어 총독부 경무총감부(倭城臺)에 유치되었다가 7월 4일 증거불충분으로 석방되었다.

이후 김마리아는 1919년 10월 19일 자신의 숙소(천미례 선교사의 집 2층)에서 18명의 동지들과 함께 대한민국 애국부인회(이하-애국부인회)를 결성하고 회장에 선출되었으며, 국내 여성독립운동 세력의 규합과 상해 임시정부에 보낼 군자금의 모집에 힘쓰는 한편, 향후에 전개될 독립전쟁에도 대비하고자 하였다.

그러나 애국부인회의 활동은 동창이며, 동기인 吳玄州의 배신으로 일경에

---

3) 「병상에 누운 김마리아」(5),『동아일보』, 1920년 6월 6일.

게 탐지되어 11월 28일 정신여학교 교무실에서 종로경찰서로 연행되었다. 이후 김마리아는 고난의 법정투쟁을 견뎌내던 중 극적으로 국내를 탈출, 1921년 8월 10일경 상해에 도착함으로써 국내외 독립운동진영에 또 다른 의미에서의 승리를 가져다주기도 하였다.

이후 미국으로 건너간 마라아는 파크대학과 콜롬비아대학교 대학원 등에서 공부하였으며, 槿花會와 興士團에서 활동하던 중 1931년 5월 형기가 만료되자, 1932년 7월 20일 귀국하였다. 귀국 후에는 주로 장로교 교단의 여전도회에서 활동하였으며, 1933년 12월 건강이 급속히 악화되어 1944년 3월 13일 사망하였다.

따라서 내용을 통해서 보면 김마리아는 3·1운동을 전후하여 국내외를 통해 가장 활발하게 독립운동을 전개했던 여성독립운동가였다고 할 것이며, 또한 이와 관련해서는 다양한 연구가 이루어져 있는 상황이다.[4] 이에 본고에서는 김마리아가 상해로 탈출하기 이전까지 국내에서 전개했던 독립운동 즉 3·1운동과 특히 애국부인회의 활동과 관련하여 당시의 재판기록이나 『동아일보』와 『매일신보』 등의 기사 내용들을 보다 구체적으로 정리하여 기존의 연구를 보완하고자 한다. 따라서 이 연구는 크게 보아 이 연구는 김마리아의 국내에서 독립운동과 그의 투철한 민족정신의 일면을 보다 깊이 있게 이해하는데 일정하게 기여할 수 있을 것으로 생각된다.[5]

---

[4] 김마리아와 관련된 연구로는 위에서 언급한 것 이외에 다음과 같은 것들이 있다. 박용옥, 『한국독립운동의 역사-여성운동』, 독립기념관, 2009. 유준기, 「김마리아의 생애와 독립운동」, 『한국보훈논총』 8-1, 2006. 박용옥, 「김마리아의 망명생활과 독립운동」, 『한국민족운동사연구』 22, 1999. 이현희, 「김마리아의 생애와 애국활동」, 『韓國史論叢』, 성신여자사범대학, 1978. 김영란, 『조국과 여성을 비춘 불멸의 별 김마리아』, 북산책, 2012.

[5] 앞의, 『한국 항일여성운동의 대모 김마리아』, 12~13쪽.

2. 독립운동가계에서의 성장

1892년 김마리아가 출생한 황해도 장연군 송천리의 소래마을은 우리나라 최초의 개신교 교회인 소래교회가 설립된 지역이었으며, 인근에는 우리나라 개신교계 선교의 선구적 인물인 徐相崙과 徐景祖형제가 살고 있었다.6) 또한 마을사람들은 1895년 교회 附設로 金世學堂7)을 설립하고 남녀학생들에게 한글, 성경도설, 구약발췌, 천자문, 작문 등을 가르쳤는데 마리아의 막내고모인 金畢禮는 '뒷날 서울에 올라와 연동여학교를 다닐 때에도 이 학교에서 배운 공부가 큰 보탬이 되었다고 회고하였다.8) 마리아도 이 학교에서 기독교신앙과 근대적인 학교교육을 받을 수 있었던 것으로 보인다.

한편, 1906년 4월 서울로 이주한 마리아는 언니와 친지들의 도움을 받으며 학업을 이어나갔으며, 가족들의 항일적 분위기는 마리아의 민족의식 형성에 영향을 끼쳤던 것으로 보인다. 첫째 작은아버지 金容淳은 황해도지역의 개화 지식인으로 백범 김구와도 절친한 사이였는데 백범이 如玉이라는 처자와 아버지 상을 벗은 지 1년 뒤에 혼약하기로 하였으나 그녀가 죽자 백범이 애통해 하며 손수 염습을 하고 장례를 치른 후 如玉의 어머니를 김용순에게 부탁하기도 했다고 한다.9)

또한 김용순은 西友學會의 발기인으로 활동하는 한편, 이동휘, 안창호, 박은식 등과 함께 西北學會에 참가하여 총무원이 되었으며, 1902년 도산 安昌浩가 미국으로 떠나려할 때 약혼녀 金惠蓮과의 결혼을 적극적으로 주선하기

---

6) 전택부, 「소래마을과 기독교와 김마리아 일가」, 『나라사랑』 30, 외솔회, 1978.
7) 김세학당은 이후 海西第一學校로 발전하여 황해도지역 신교육의 중심지가 되었다. 김영삼, 『김마리아』, 한국신학연구소, 983, 15~17쪽
8) 앞의, 『김마리아-나는 대한의 독립과 결혼하였다』, 85쪽.
9) 김구, 『백범일지』, 백범김구선생기념사업회, 1971, 172쪽; 박용옥, 앞의 책, 64~65쪽.

도 하였다. 이밖에 김용순은 동생 김필순과 함께 세브란스병원 바로 앞에 '김형제상회'를 차렸는데 2층로 되어 있는 이 건물의 위층은 新民會의 중요 거점으로서 안창호를 비롯한 민족지도자들의 주요 집합소이기도 하였다.10)

셋째 작은아버지 김필순은 17세에 서울로 올라와 언더우드의 권유와 도움으로 배재학당을 졸업하였으며, 1899년 濟衆院의 책임자였던 샤록스 박사의 통역과 조수로 일하면서 의학도의 길을 걸었다. 1911년 초에는 세브란스병원 시약소의 책임자이자 의학학교 교장직을 맡기도 하였으며, 이 무렵 안창호와 의형제를 맺고 많은 독립운동가들과 교류하였다.11)

김마리아는 사촌언니인 김세라와 가깝게 지냈는데 세라는 언더우드의 중매로 소래마을 출신의 기독교인 청년의사 高明宇와 결혼하였으며, 그는 세브란스병원에 근무하면서 병보석으로 풀려난 김마리아의 주치의를 담당하였다.12) 이밖에 첫째 고모 具禮는 서병호와 혼인한 후 상해로 망명하여 독립운동에 참가했는데 서병호는 新韓靑年黨의 결성을 주도하는 등 임시정부의 항일독립운동에 참가하고 있었다.13)

이밖에 둘째 고모 淳愛는 정신여학교를 거쳐 남경대학을 수료하고 尤史 김규식과 혼인하였으며, 언니 함나는 南宮赫과 결혼했는데 그는 미국 프린스턴 대학에서 신학박사 학위를 받고 광주신학교와 평양신학교에서 교수를 역임한 유능한 신학자였다. 셋째 고모 彌禮는 세브란스 의학전문학교 3회 졸업

---

10) 윤병석·윤경로 역음, 『안창호 일대기』, 역민사, 1985, 38~50쪽
11) 「桂園 노백린 편」, 『獨立血史』, 85쪽. 앞의, 『한국 항일여성운동의 대모 김마리아』, 13~14쪽. 김필순은 1997년 건국훈장 애족장을 받았다. 국가보훈처, http://www.mpva.go.kr/main.asp 참조.
12) 앞의, 『김마리아-나는 대한의 독립과 결혼하였다』, 264~265쪽.
13) 서병호는 1990년 건국훈장 애국장을 받았다. 국가보훈처, http://www.mpva.go.kr/main.asp 참조.

생으로 YWCA의 창설자 중 한 사람인 의사 崔永旭과 결혼하였다. 이밖에 마리아는 정신여학교에서 노백린의 딸 노숙경·노순경, 이동휘의 딸 이의순·이인순 등과 함께 공부하기도 하였다.[14]

3. 2·8독립선언과 3·1운동 참여

1910년 6월 김마리아는 연동의 정신여학교를 졸업하였으며, 당시 洪恩喜, 劉花俊, 金美林, 吳玄觀, 李慈卿, 俞珏卿, 禹鳳云, 朴鳳鍊 등 22명이 함께 졸업하였다.[15] 졸업 후에는 광주 수피아여고에서 2년 동안 교사로 재직하였으며, 1912년 1년 동안 일본에 유학하여 廣島(히로시마) 고등여학교에서 공부하였다.[16] 유학생을 마친 마리아는 정신여학교의 제9대 교장인 루이스(Margo Lee Lewis)의 부름을 받고 모교에 부임할 수 있었으며, 1915년 5월 다시 루이스의 주선으로 일본 東京女子學院으로 유학하였으며, 유학생 사회에서 두각을 나타내기 시작했던 것으로 보인다. 김마리아는 '그대는 貞信女學校에서 유학시켜 주고 있는가'라는 검사의 질문에 '아니다. 미스 루이스가 학교에 보내 주었다'라고 대답하였다.[17]

유학 중에 마리아는 朝鮮女子留學生親睦會(이하-친목회)의 활동을 주도하였는데 이 단체는 1915년 4월 金貞植의 집에 金淑卿·金貞和·김필례·최숙자·나혜석 등이 등과 모여 조직한 일종의 친목단체였다. 초대회장은 마리아

---

[14] 앞의, 『한국 항일여성운동의 대모 김마리아』, 25쪽.
[15] 「여교졸업」, 『황성신문』, 1910년 6월 19일.
[16] 정일형, 「김마리아론」, 『우리키』 6, 1935년 1월, 69쪽.
[17] 「金瑪利亞 신문조서(제2회)」, 『한민족독립운동사자료집』 14권, 국사편찬위원회, http://db.history.go.kr 참조.

의 언니인 김필례였으며,[18] 田榮澤·李光洙가 고문이었다. 일본 각지에 支會가 조직되기도 했는데 요코하마 지회의 金信喜와 李貞松은 동경에서 개최된 총회에 반드시 참석했다고 한다.[19]

1916년 봄 마리아는 회장이던 언니 김필례가 모교인 정신여학교 교사로 부임하게 되어 귀국하게 되자 언니를 대신해 회장직을 代行하게 되었으며, 1917년 10월 17일 개최된 임시총회에서 서기 鄭子英, 부서기 金忠義, 회계 玄德信 등과 함께 정식으로 회장에 선출되었다.[20]

親睦會 회장이 된 김마리아는 1919년 동경에서 거행된 2·8독립선언식에 참여했는데 동경의 神田에 있는 朝鮮基督敎靑年會館에서 개최된 선언식은 약 400여 명의 유학생이 모인 가운데 거행되었으며, 황에스더, 盧德信, 劉英俊, 朴貞子, 崔濟淑 등 6명의 여학생이 함께 참석하고 있었다.[21]

2·8독립선언식이 끝난 후 김마리아는 일본 유학생계를 대표하여 2·8독립선언의 상황을 국내에 전하는 한편, 독립운동의 새로운 전기를 마련하기 위해서라도 국내로 들어갈 필요를 느끼고 있다. 또한 이는 여타 동지들의 요구이기도 하였으며, 따라서 그의 귀국은 일본 유학생계를 대표하는 활동이기도 하였다. 그러나 당시 동경유학생들의 귀국은 이미 일제의 엄중한 감시대상이었음으로 마리아는 일본 여인으로 변장하고 일본 옷에 매는 커다란 '오비(띠)'속에 미농지에 베껴 쓴 2·8독립선언서를 숨겨 국내로 들어왔으며,

---

18) 「우리 消息」, 『學之光』 5, 1915, 64쪽.
19) 앞의, 『김마리아-나는 대한의 독립과 결혼하였다』, 141~142쪽.
20) 『女子界』 2호, 「消息」 참조.
21) 「金瑪利亞 신문조서」(제2회), 『한민족독립운동사자료집』 14권, 국사편찬위원회, http://db.history.go.kr 참조. 일단 학교로 돌아온 김마리는 당일(2월 8일) 학교에서 동경 경시청에 끌려갔는데 선언서에 서명한 尹錫昌이 취조를 받는 과정에서 동경여자침목회로부터 30원을 받았으며, 이는 김마리아에게 물어보면 잘 알 것이라고 했기 때문이었다. 이로 인해 마리아는 경찰에 구인되어 여러 시간 동안 취조를 받은 후 풀려났다.

이때 요코하마에서 유학하고 있던 후배 車敬信이 동행하였다.22)

이때 모교인 정신여학교에서도 김마리아의 귀국을 원하고 있었는데 이는 적어도 다른 사람들에게 의심을 덜 받으며, 국내로 돌아갈 수 있는 좋은 명분이 되었다.

> 문: 東京을 떠나 京城에 온 것은 언제인가.
> 답: 2월 21일이다.
> 문: 무슨 볼일로 왔는가.
> 답: 貞信女學校 교장이 돌아오라고 편지를 보냈기 때문이었다. 그 속에는 학교가 복잡하여 내년 졸업까지는 기다릴 수 없으니 빨리 돌아오라고 쓰여져 있었으므로 三谷民子 선생에게 그 편지를 보였더니 귀국하는 것이 좋을 것 같다고 하여 東京을 17일에 출발, 光州의 언니에게 잠시 들렀다가 2월 21일에 京城에 도착했던 것이다.23)

위의 내용에서 보면 정신여학교 교장 루이스로부터 학교가 복잡하여 내년 졸업까지 기다릴 수 없으며, 빨리 귀국하는 것이 좋을 것 같다는 요청을 받은 마리아는 2월 17일 동경을 출발하여 함나 언니 사는 광주를 거쳐 21일에 서울에 도착한 것으로 보인다.24)

---

22) 박화성, 『송산 황신덕 선생의 사상과 생활 - 새벽에 외치다』, 휘문출판사, 1966, 78쪽.
23) 위의, 「金瑪利亞 신문조서」(제2회).
24) 김마리아의 신문조서에서도 '돌아와서 미스 루이스를 찾아보고 어떤 이야기를 하였는가'라는 검사의 질문에 '李太王이 훙거하셔서 학생들이 상장을 달았는데 조선인 선생이 總督府의 통지가 있을 때까지 그대로 있는 것이 좋겠다고 하였기 때문에 학생들이 반감을 가졌고, 그것이 도화선이 되어 학교에는 나쁜 선생뿐이라 곤란하다고 하여 담판을 신청하여 곤경에 처해 있다고 하면서 아무쪼록 나에게 학생들을 說諭하여 학생들이 진정하도록 해 달라고 하였다'고 답하였다. 위의, 「金瑪利亞 신문조서」(제2회), 앞의, 『김마리아-나는 대한의 독립과 결혼하였다』, 148~152쪽.

서울에 도착한 김마리아는 2월 26일 우선 천도교계의 민족지도자 李鍾一과 면담했는데 그는 보성사의 사장으로 독립선언서를 인쇄한 인물이었다. 그리고 이종일은 마리아와 면담에서 '우리도 이미 계획을 세우고 실천 중이며, 10년의 질곡을 벗어 버리고 압박으로 신음하는 기운을 모두 축출해 버릴 것'이라고 했다고 한다.[25] 이 면담에서 마리아는 국내에서 전개되고 있던 3·1운동의 기운을 확인했을 것으로 보인다.

이후 김마리아는 자신의 고향인 황해도로 가서 장선희의 오빠와 義兄 方合信을 만나는 등 독립운동 기운의 확산과 자금모집을 노력하였으며, 3·1운동이 발발하자 급거 서울로 돌아왔던 것으로 나타나고 있다. 서울로 돌아온 김마리아는 3월 2일과 4일 정동교회와 이화학당 기숙사에 나혜석, 박인덕, 황에스더 등 10여 명의 여학생들과 3·1운동에 대한 대응책을 논의하였다.

3월 2일의 회의에서는 첫째, 부인단체를 만들어 독립운동을 할 것, 둘째, 여자단체와 남자단체 사이에 연락을 취할 것, 셋째, 남자단체에서 활동할 수 없을 때는 여자단체가 그것을 대신할 것을 결의했던 것으로 나타나고 있다. 또한 4일의 모임에서는 동맹휴학과 5일에 있을 만세시위에 참여하는 문제가 논의 되었다.

---

[25] 김창수, 「3·1運動과 沃坡 李鍾一『沃坡備忘錄』을 中心으로-」, 『中央史學-上岩金鎬逸教授定年紀念特輯-』 21, 韓國中央史學會, 2005. 비망록의 내용은 다음과 같다. '동경에서는 남녀 유학생들의 구국적인 애국열기가 대단하여 지난 2월 8일에 독립선언서를 발표하고 대한독립만세를 불렀습니다. 세계정세가 크게 변하고 있습니다. 지금이 독립의 좋은 기회입니다. 국내에서도 거국적인 독립운동을 전개해야 합니다. 우리들도 이미 계획을 세우고 실천 중에 있어요. 또 지난 갑인년(1914) 이래로 암암리에 독립을 모색해 왔어요. 민중들이 모두 일거에 일어나 일제의 10년 질곡을 부숴버리고 압박으로 신음하는 기운을 모두 축출해 버릴 것입니다. 말씀을 들으니 정말 기뻐요. 천도교에서 수행하는 원대한 이념을 진실로 격려합니다. 앞의, 『김마리아-나는 대한의 독립과 결혼하였다』, 158~159쪽.

그날 오후 4시경 梨花學堂 어느 기숙사에 있는 사람에게 갔더니 이미 아침부터 모여서 의논을 정했다는 것으로, 그것은 同盟休學과 내일 5일에 남학생들의 독립운동에 참가하느냐, 하지 않느냐에 대해서 그 중 휴교 쪽은 정했으나 5일에 참가하는 것은 아직 정하지 않았다는 것이었는데, 나는 5일에 나가서 한번 만세를 불러도 독립이 되는 것은 아니므로 나가지 않는 것이 좋겠다고 말했으나 만약 나가고 싶은 사람은 나가도록 해서 각각 별개의 행동으로 나가는 것이 좋겠다고 하여 그렇게 하도록 되었다. 그때 貞信女學校에서 2인과 進明女學校에서 2인이 참가하였으나, 이름은 모른다. 그리고 羅蕙錫은 오지 않았었다.26)

위의 내용에서 보면, 4일의 경우는 이화학당 기숙사에서 아침부터 회의가 계속되고 있었는데 同盟休學 문제는 정해졌으나 5일 남학생들이 주도하는 만세운동에 참여할 것인가 하는 문제에 대해서는 쉽게 결정되지 못했던 것으로 보인다. 이때 김마리아는 '한번 만세를 부른다고 독립이 되는 것이 아님으로 나가지 않은 것이 좋겠다'고 주장했으며, 이는 김마리아가 3·1운동이 폭발적으로 전개되던 시기에도 독립운동을 위해서는 보다 체계적인 단체 혹은 조직의 필요하다는 인식의 일면을 갖고 있었음을 보여주는 것이었다고 하겠다. 이후 3월 5일에는 정신, 이화, 진명 등 시내 여학교 학생들이 참여하는 대규모 시위가 있었고, 3월 6일 김마리아는 이 시위의 주동자로 지목되어 경찰에 체포되었다.

일경에 체포된 김마리아는 감옥에서 가혹한 고문을 견뎌야 했던 것으로 보인다. 실제로 김마리아는 '그대가 귀국하는 것이 좋은 기회이므로 東京에 있는 학생과 조선에 있는 학생 사이에 연락이 통하도록 해달라고 부탁을 받

---

26) 위의, 「金瑪利亞 신문조서」(제2회).

앉다는데, 어떠한가'라는 3·1운동 전후의 행적을 묻는 검사의 질문에, '형사가 너무 고문하였으므로 견디지 못하여 거짓말을 했던 것이다'라고 답변하기도 했다.27) 김마리아는 이때의 고문 후유증으로 코뼈 속에 고름이 생기는 고질병인 乳樣突起炎에 걸려 출소 후 세브란스병원에 입원 치료를 받아야 했다.

이후 김마리아는 8월 4일 경성지방법원에서 예심종결 결정이 내려지면서 서대문형무소에서 출옥하였다. 즉 일제는 김마리아에 대해 출판법과 보안법 위반 혐의를 적용하였으며, 조선의 독립을 목적으로 하는 인쇄물을 작성 배포하여 치안을 방해했다는 혐의는 인정되지만, 충분히 증빙할 수 없다는 이유로 석방을 결정하였다.28)

4. 대한민국애국부인회의 결성과 김마리아

1) 조직의 결성과 성격

1919년 4월 상해에서 대한민국임시정부가 조직되고 국내와 연결된 활발한 활동을 전개하게 되자29) 임시정부에서는 국내와 연결한 조직망의 확충이 절실한 과제로 요구되고 있었고 이시기 국내에서 활동하고 있던 대표적인 여성단체로 血誠團愛國婦人會가 있었다. 이 단체는 1919년 3월 중순부터 활동한 것으로 보이는데 결성 초기의 현황은 다음과 같다.

---

27) 위의, 「金瑪利亞 신문조서」(제2회).
28) 앞의, 『한국 항일여성운동의 대모 김마리아』, 52~53쪽.
29) 황민호, 「1920년대 초 국내언론에 나타난 임시정부의 항일독립운동」, 『한국민족운동사연구』 60, 한국민족운동사학회, 2009.

증인 오현주에 대한 예심판사 신문조서 중, 나(오현주-필자)는 대정(大正) 8년 3월 조선 각지에 있어서 조선 독립 운동이 일어나 다수의 남녀가 그 때문에 감옥에 투옥되었는데 나의 우인(友人)이며 나의 모교(母校)인 정신여학교의 생도 등도 그 속(감옥 속)에 있어 사식(私食)이 며 의복 등의 차입(差入)도 마음먹은 대로 안 되고 곤란한 자가 있음을 알고구하고 싶은 감이 있어 자선단(慈善團)을 조직하여 나의 매(妹)인 오현관(吳玄觀) 외 우인(友人) 1명의 찬동을 얻어 정신여학교 생도·기타의 지인(知人) 등에 그 취지를 고(告)하여 응분의 의연금을 모집하고 일을 하고 있었다. 그리하여 동년 6월 경까지의 사이에는 명칭을 정함도 없었고, 또 조선 독립운동에는 전연 관계 없었다.30)

동 부인회는 3·1운동 과정에서 많은 여학생들이 투옥되자 이를 돕기 위해 오현주와 오현관 姉妹와 정신여학교 출신들이 주도하여 조직한 일종의 자선 단체적 성격을 갖고 출발했던 것으로 나타나고 있다.

따라서 이 부인회는 1919년 6월까지는 특별한 명칭도 없었으며, 활동 내용도 본격적인 독립운동과는 일정하게 거리가 있었던 것으로 보인다. 단체의 회원들은 매월 1원 이상의 회비를 납부하여 구제 사업을 전개하였으며, 회원이 늘자 李誠完의 제의를 그 명칭을 혈성단애국부인회라고 하였으며, 회령, 정평, 군산, 목포, 진주, 광주, 황해도 수흥 등지에 지회를 설립하였다.31)

---

30) 「金馬利亞 判決文」, 大正十年 京城覆審法院, 5월 23일.
31) 앞의, 『김마리아-나는 대한의 독립과 결혼하였다』, 184~185쪽. 한편 일제는 '愛國婦人會는 처음 載寧明神女學校 教師 吳玄觀과 群山메리불덴女學校 教師 吳玄洲(吳玄觀의 妹) 및 京城세브란스病院 看護婦 李貞淑 等이 萬歲事件으로 入監된 者와 그 家族을 救濟할 目的으로 4月 上旬 京城에 血誠團愛國婦人會를 組織하고 會寧, 定平, 群山, 木浦, 全州, 光州, 興水 等地에 支部를 結成하였는데…'라고 파악하고 있었다. 경상북도 경찰부, 「大韓民國靑年外交團 및 大韓民國愛國婦人會事件判決書」, 『高等警察要史』, 1934, 192~193쪽 http://www.history.go.kr.

그러나 이때 혈성단애국부인회의 존재를 알지 못했던 임정부에서는 여성 단체의 조직을 위해 통신원 林昌俊을 국내로 파견했는데 그는 기왕에 친분이 있었던 大韓民國靑年外交團(이하·청년외교단) 총무 李秉澈과 함께 金元慶·金熙烈·金熙玉 등 약 60여 명의 女子高普 졸업생을 규합하여 그해 4월경 大朝鮮獨立愛國婦人會를 조직하고 이병철을 고문으로 추대하였다. 그리고 5월경 金元慶을 대표로 임시정부에 파견하고자 했는데 이때 혈성단으로부터도 대표를 겸해 달라는 依囑받고 두 단체가 통합되게 되었던 것으로 나타나고 있다.32)

한편 혈성단애국부인회의 존재를 알게 된 임시정부에서는 오현주에게 感謝狀을 보냈으며, 감사장에서 단체의 명칭을 대한민국애국부인회(이하·애국부인회)라고 지칭하게 되자 통합단체의 이름도 동일하게 따르게 되었다.33)

통합 이후 애국부인회에서는 약 3개월 동안 총 747원의 회비를 징수하여 이중 300원을 임시정부에 송금하였다.34) 그러나 새로 결성된 대한민국애국부인회의 활동은 기대에 못 미치는 상황이었고 출옥한지 얼마 안 된 상황에서도 이를 알게 된 김마리아는 조직에 나섰던 것으로 보인다.

구(舊) 7월 25일경 김마리아와 황애시덕 등이 와서 會의 양상을 물어 보길

---

32) 이후 통합조직으로 결성된 대한민국애국부회에서는 吳玄洲를 會長兼財務主任, 吳玄觀을 總裁兼財務部長, 金熙烈을 副總裁, 崔淑子를 副會長, 李貞淑을 評議員, 張善禧를 外交員, 金熙玉을 書記, 李秉澈을 顧問으로 選任하고, 平壤, 開城, 大邱, 機張, 晋州, 密陽, 居昌 및 從前의 連絡處(支部)에 支部를 두고 俞仁卿을 居昌, 統營, 密陽을 統轄하는 大邱支部長에 任命하고, 梁山, 馬山, 蔚山, 釜山의 統轄을 各各 委任하였다. 경상북도 경찰부, 「大韓民國靑年外交團 및 大韓民國愛國婦人會事件判決書」, 『高等警察要史』, 1934, 192~193쪽 http://www.history.go.kr.
33) 「金馬利亞 判決文」, 大正十年 京城覆審法院, 5월 23일.
34) 앞의, 『김마리아-나는 대한의 독립과 결혼하였다』, 186·190쪽.

래 회원의 수도 회비 등도 잘 모르겠다고 대답하니, 김마리아는 그처럼 일을 하여서는 아니된다. 금후는 일층 그 회를 확장하고 각 도에 지부를 설치하고 독립의 목적을 달하게 함이 여 如何. 그럴려면 현재의 지부 회원을 소집코 그 회의 방침을 듣고 싶으니 오는 10월 19일 자택에 집합하기로 통지하라고 말하는 고로 알아듣고 언니(오현관)에게도 말하여 통지를 발하였다. 마리아는 황애시덕에게 통지하겠다고 말하였읍니다. 19일에는 14명이 김마리아의 댁에 모였읍니다. 그 석상에서 동인(마리아)은 일동에 대해서 종래 오 현주가 회 장으로 되어 부인회를 조직하고 독립을 위해 진력하였으나 동년에는 조선의 일부의 사람을 회원으로 됨에 멈췄기 때문에 이번은 조선 각도에 지부를 설치하고 대대적으로 회원을 모집하고 독립을 위해 진력하면 여하라고 말하는 고로 일동은 이에 찬성하여 내가 하고 있던 회를 인계하고 각 도에 지부를 두고 大大히 회원을 모집할 것으로 했었다.[35]

위의 내용에서 보면 김마리아는 10월 19일 자신의 집에 14명의 회원을 모이게 한 후 기존의 조직을 개편하여 각도에 지부를 두고 대대적으로 회원을 모아 독립운동에 진력할 것을 결의했던 것으로 나타나고 있다.

이날 중요 임원도 구성되었는데 회장은 김마리아, 부회장은 이혜경, 총무 및 편집부장 황에스더, 서기 신의경·김영순, 재무부장 장선희, 교제부장 오현주, 적십자부장 이정숙·윤진수, 결사부장 백신영·이성환이 선출되었다. 또한 본부규칙 제22조에서는 '본회의 목적은 대한민국 國憲을 확장하는데 있다'고 하였으며, 지부규칙 제2조에서는 '본회의 목적은 대한민국의 의무를 성취함에 있다'라고 명시하여 조직의 성격을 명확히 하였다.[36]

그런데 김마리아의 애국부인회가 적십자부와 결사부를 두었던 것은 향후

---

[35] 「金馬利亞 判決文」, 大正十年 京城覆審法院, 5월 23일.
[36] 위의, 「金馬利亞 判決文」.

임시정부가 추진하고 있던 독립전쟁이 전개될 경우 이를 적극적으로 지원하기 위한 노력의 일환이었다. 실제로 임시정부에서는 독립전쟁에 즈음하여 이를 구호하는 임무를 수행할 대한적십자회의 총지부를 京城에 설치하고 동지를 규합하기 위해 통신원 李鍾郁을 파견하여 경성 授恩洞 3番地에 사무소를 두었다.

그리고 1919년 9월 李秉澈을 간사 및 명예회원에 추천하고 각도에 支部를 두고 義金을 모집하는 한편, 同會의 선언서 500장을 頒布하는 등의 활동을 전개하였다. 그리고 이에 관계했던 인물로는 〈표 1〉에서 보는 바와 같이 애국부인회와 청년외교단의 중요 인물들이 대거 참여하고 있었다.

〈표 1〉 大韓赤十字會 大韓支部 관계자 명단37)

본적	주소	역원	직원	성명	연령
충북 충주군 앙성면 영죽리	경성부 합동170	청년단 총무, 부인회 고문, 적십자 간사 겸 명예회원	무직	李秉澈	21
경기 진위군 고덕면 사룽리	좌동	청년단 총무	동상	安在鴻	29
경기 고양군 연희면 연희리	경성부 세브란스병원	청년단 외교부원	사무원	金寅祐	26
함남 정평군	중국 상해	청년단 간사장	무직	金弘植	25정도
충북 괴산군 읍내	좌동	재무부장	동상	金泰圭	23정도
황해도 해주군 해주면 서영정96	경성부 안국동18	청년단 편집원	학생	李儀儆	22
경기 연천군	프랑스 파리	외교특파원	무직	趙鏞殷	40정도
동상	중국 봉천 동래상회	외교원	사무원	趙鏞周	35정도
충북 괴산군 청안	중국 상해	외교원	무직	延秉昊	27정도
충북 충주군 노은면	경성부 수은동3	특별단원	동상	鄭洛倫	35정도
강원 평창군 월정사	부정	동 단원	승려	龍昌憲	25정도
평북 성천군	경성	특별단원	학생	羅昌憲	24정도

---

37) 앞의, 『高等警察要史』, 192~195쪽.

충남 대전군 파성면 가수원	중국 상해	동상	동상	李康夏	23정도
충북 충주읍	동상	동상	동상	柳興煥	22정도
동상	동상	동상	동상	柳興植	27정도
평북 정주군	경성부 합동	동상	동상	李敬夏	28
충북 충주군 노은면	중국 상해	동상	동상	鄭錫熙	19
경북 선산군 해평면	경성감옥	청년단 상해지부장	승려	宋世浩	30정도
함북 회령	좌동	청년단 회령지부장	무직	羅大化	30
충남 대전군 파성면 가수원	좌동	동 대전지부장	만주일보 지국장	李鎬承	30
충북 충주군 신미면	좌동	동 충주지부장	서당 교사	尹宇榮	42
강원 평창군	경성부 수은동3	상해가정부통신원, 적십자특파원	승려	李鍾郁	40정도
경성부 종로6정정	대구감옥	청년단 단원	전 의사, 측량사	安祐璿	39
불상	경성부 세브란스병원	동상	사진사	李日宣	24정도
충북 대전군 파성면 가수원리	좌동	동상	정미업	李元熙	20
불상	부정	동상	불명	徐相一	30정도
충북 충주군 가금면	경성부 합동170	적십자 명예회원	雇人	鄭泰榮	32정도
경성부 연건동202	좌동		정미소 雇人	李炳奎	33
동상	좌동		무직	申愛只	28
동상	좌동		雇人	李炳浩	28
경성부 낙원동	경성부 연건동136 정신여학교	구 정신여학교 내 회원 11명 대표자 신회장	교원	金瑪利亞(여)	26
경성부 효제동44	원산부 상동22 일진여학교	신 부회장	동상	李惠卿(여)	30
경성부 연지동27	좌동	구 회장 겸 재무주임, 신 교제원	무직	吳玄觀(여)	31
경성부 연지동243	좌동	구 총재 겸 재무부장, 적십자회원	동상	吳玄洲(여)	28
평남 평양부 대찰리135	경성 종로6정목20 方萬榮 방	신 총무 겸 편집원	동경여자 의전 2년생	黃愛施德(여)	26
경성 립정정	좌동	구 부회장	불상	崔淑子(여)	불상
경성부 장교정3	좌동	구 서기	유치원 교원	金濚玉(여)	20

함남 북청군 양가면 초리동	경성 세브란스병원	구 평의원 경성 지부장, 신 적십자장 적십자회원	간호부	李貞淑(여)	22
경성 낙원동	좌동	구 평의원	불상	金熙烈(여)	불상
경성 세브란스병원	좌동	구 평의원, 적십자회원	간호부	朴玉信(여)	불상
황해 재령군 재령면	경성 연지동136 정신여학교 내	구 평의원, 신 재무원	교원	張善禧(여)	24
이원	불상	구 평의원	불상	朴德惠(여)	불상
전북 옥구군 지경역전 몽자산	좌동	구 통신원	동상	李順吉(여)	동
경남 울산	경성부 이화학당 내	구 통신원	학생	金白全(여)	동
황해	동상	동상	동상	李信愛(여)	동
불상	중국 상해	구 대표원, 상해 파견	무직	金元慶(여)	동
경성부 죽첨정 3정목8	좌동 聖學院 내	구 성경학원내 회원대표자, 적십자회원	생도	成慶愛(여)	40
경성부 정동32	좌동 이화학당 내	동대문병원내 회원20명 대표자	교원	金泰福(여)	34
경성부	경성부 동대문 내 사립부인병원 내	이화학당내 회원20명 대표자	간호부	朴仁德(여)	22
경기 인천부	좌동	구, 신 인천지부장	불상	李瑪利亞(여)	불상
함남 정평군 부내면 애흥리	경성 교동151 배화여학교 내	배화학교 내 회원15명 대표자, 신 決死長	교원	李誠完(여)	23
경성부 이하 불상	좌동	여자성경학원 대표자	불상	李致壽(여)	불상
경성부 효제동35	경성 연지동136 정신여학교 내	신 서기	교원	金英順(여)	25
경성부 과목동	경성 연지동136 정신여학교 내	부서기	동상	辛義敬(여)	22
경성 세브란스병원	좌동	신 적십자장	간호부	尹進遂(여)	불상
경성 이하 불상	좌동	신 재무원	불상	洪恩烈(여)	동
동상	동상	동상	동상	鄭根信(여)	동
황해 황주군 황주면 제안리	전북 옥구군 개정면 구암리	구, 신 군산지부장	메리홀덴여학교 교원	李瑪利亞(여)	22
경성 이하 불상	좌동	개성지부장	불상	權明範(여)	불상

경남 진주군 진주면 평안동	좌동 광재여학교 내	구, 신 진주지부장	교원	朴寶○(여)	23
동상	동상	동 회원	무직	朴順福(여)	32
동상	동상	동상	동상	朴德實(여)	19
경남 기장읍	좌동	구, 신 기장지부장	불상	金仁覺(여)	불상
전북 전주군 전주면 완산정294	좌동 기전여학교 내	구, 신 전주지부장, 신 재무원	교원	柳寶(여)	21
전북 옥구군 개정면 귀암리	경남 마산부 상남리	구, 신 군산지부장	의신여학교 교사	李有喜(여)	24
함북 회령	좌동	구, 신 회령지부장	불상	金五仁(여)	불상
동상	좌동 야소교회 내	동 회원	동상	李孝敬(여)	동
경성	경성여자 고등보통학교 내	구, 신 정평지부장	교원	金致順(여)	동
경기 개성	개성 고려병원 내	구, 신 개성지부장	불상	李恩師(여)	동
함북 성진	좌동	구, 신 성진지부장	동상	辛愛均(여)	동
경북 대구부 남산정342	좌동	구 부인회 대구지부장	무직	柳仁鄉(여)	25
경북 군위군 소보면 위성동80	경북 대구부 명치정2정목39	신 대구지부장, 재무원	동상	李今禮(여)	26
경남 부산부 초량동313	좌동	구 부산지부장, 신 결사장	전도사	白信永(여)	31
평북 평양	좌동	구, 신 평양지부장	불상	李信聖(여)	불상
자칭 평양 이하 불상	중국 상해	상해 통신원	무직	林得山	동
함북 정평	좌동	구 정평특별회원	불상	朴鳳雨(여)	동
불상	중국 상해	상해 통신원	무직	林昌俊	동

또한 김마리아는 직접 작성한 애국부인회의 취지문에서 유무식을 막론하고 빈부귀천 차별 없이 이기심을 다 버리고 국권확장 네 글자만 굳건한 목적 삼고 성공할 줄 확신하며, 장애물을 개의치 말고 더욱 더욱 진력하며 일심 합력하자고 역설하할 것을 강조하기도 하였다.[38] 뿐만 아니라 1919년 11월 1일에는 대한민국임시정부 대통령 이승만 앞으로 군자금 2천원과 부인회 취지서를 김마리아의 異名인 金槿圍 명의로 송부하였다.[39]

---

[38] 雩南 李承晚文書編纂委員會編,『梨花莊所藏 雩南李承晚文書』19, 延世大學校 韓國學研究所, 1998, 408~413쪽.
[39] 앞의,『김마리아-나는 대한의 독립과 결혼하였다』, 494쪽.

그러나 김마리아와 동지들이 애국부인회를 새롭게 정비하고 임시정부와 연결된 보다 적극적인 독립운동을 준비해 가고 있던 상황에서 부인회는 동지 오현주의 배신으로 1919년 11월 대대적인 검거선풍을 맞게 되었다.[40] 오현주의 남편 강낙원의 YMCA검도 선생이 경상북도 대구경찰서의 형사 유근수였는데 독립운동에서 손을 뗀 강낙원이 자신의 신변 보장을 확보하기 위해 애국부인회에 대한 정보를 그에게 제공하였던 것이다.[41] 오현주는 남편의 강압에 못 이겨 서기인 김영순에게 회원명단과 회칙을 받아 유근수에게 제공하였으며, 이에 따라 오현주만 사건의 진행과정에서 自首調書를 제출하여 실형언도를 면하였으며, 정보제공의 대가로 3,000원을 받았다는 소문이 돌기도 하였다.[42]

사건이 발생하자 『매일신보』에서는 1919년 12월 16일 경상부도 제3부의 발표를 인용하여 '可驚할 秘密結社, 男女의 獨立陰謀團, 大韓獨立靑年外交團, 大韓獨立愛國婦人會, 畢竟은 其根據根絶'이라는 제목 하에 사건의 내용을 대대적으로 보도하였다. 일제로서는 3·1운동의 여운이 진정되지 않은 상황에서 임시정부와 연계된 대규의의 독립운동단체가 국내에서 조직되고 활동하고 있었다는 점에서 적지 않은 충격을 받았던 것으로 보인다. 『매일신

---

[40] 『新東亞』, 1932년 10월호.
[41] 1969년 2월 22일부로 최은희에게 보낸 편지에서 '상해에서 귀국한 남편은 과거 자기의 스승으로 조국의 앞날을 걱정하면서 자기의 나아갈 길을 걱정해 주던 유근수라는 분을 5년 만에 만났습니다. 유근수는 그때 대구에서 대구애국부인회를 크게 조직하여 독립운동을 한다고 하면서 나에게 대구애국부인회와 합해서 좀더 큰 목적을 가지고 일해 보자 하므로 나와 남편은 스승을 옛날 그 사람으로만 믿었고 조국을 위한 일이라고 그와 모든 의논을 하던 중 그는 애국부인회의 모든 내용을 알아냈던 것입니다. 대구에 내려가 연락이 오기를 기다리던 중 나중에 알고 보니 대구 고등계 형사로서 우리 부부를 속여왔음을 알았습니다'라고 하였다. 최은희, 『조국을 찾기까지』(중), 탐구당, 1973, 501쪽.
[42] 유준기, 「김마리아의 생애와 독립운동」, 『한국보훈논총』 8-1, 2006.

보』에서는 양 단체의 회원과 관련자를 합하면 그 수가 약 2,000명에 이른다고 보도하고 있었다.43)

이후 김마리아는 1919년 11월 28일 정신여학교에서 김순영, 장선희, 신의경과 함께 종로경찰서원들에게 체포되었으며, 다음날 대구지방법원 검사국으로 이송되었다. 이때 전국에서 체포된 애국부인회의 임원 및 회원 중 52명이 심문을 받았으며, 이중 43명은 불기소로 방면되었으며, 김마리아, 황에스더, 장선희, 이정숙, 김명순, 유인경, 신의경, 백신영, 이혜경 등 9명만 대구감옥으로 송치하였다.44)

한편 애국부인회원들에 대한 검거와 취조가 끝난 후 일제는『매일신보』1920년 1월 19일의 보도를 통해 애국부인회사건에 대한 일제의 인식을 보여주기도 하였다.

> 이미 보도한 바와 갓치 대한애국부인회원『大韓愛國婦人會員』에 대하야는 대구지방법원 검사국과 기타에서 자세히 취조를 맛치엇는데 그들의 계획은 매우 큰 규모이니 죠직이 대단히 정돈되야 13도에 잇는 본부 지부가 서로 척응하야 큰 활동을 하면 그 화해는 실로 말할 슈업섯슬 것이다. 그들은 실로 큰 죄를 범한 것이오. 더욱히 그들은 모두 여자의 몸으로서 여러 가지를 생각하야 이러한 계획을 꿈이엇다하나 그 대부분은 李秉哲 등이 교묘히 그들의 감정을 자극하야 홀연히 이럿케 큰일에 가담한 것이다.
> 또 당시 사회의 샹태는 이러한 운동에 종사하는 자를 열녀와 갓치 칭찬함

---

43) 『매일신보』, 1919년 12월 19일. 이 기사에서는 사건의 중요 내용을 '靑年外交團의 有力關係者, 주모자는 耶蘇敎徒와 僧侶, 상해로부터 歸鮮하여 동지를 糾合함, 필경排日의 巨魁인 安在鴻이 출동, 妄動의 經過槪要, 李承晩에게 건의서를 발송, 米人宣敎師의 家宅二階의 密會, 決死長을 含한 新組織成立, 布哇로부터 現金 이천원, 各支部及 地方會員의 犯情, 愛國婦人會 證據物目錄으로 구분하여 보도하였다.

44) 앞의,『김마리아-나는 대한의 독립과 결혼하였다』, 495쪽.

으로 허영심으로 일시 이럿케 된 것이니 소위 시세의 경우 가진 죄도 적지 안이하다 제등 총독각하는 관후하며 부인의 죄과에 대하야 통심 우려함이 매우 크며 그리고 사법당국자들 또한 그들의 죄상을 진실로 미우나 그 심사는 대단히 가련한 점이 잇슴을 헤아리고 그들에게 대하야 형벌을 매임에는 상당이 고려를 할 여지가 잇다하고 자비심으로써 너그럽게 처치하기로 하얏다. 곳 金瑪利亞, 黃愛施德 등 구명의 죄상이 가쟝 현져함으로써 기소하고 다른 사람은 범죄의 사실이 명백하나 특별히 용서하기로 하얏다. 그리하야 본건은 부인의 범죄 체포할 적에는 물론이오 심문할 때에도 주의하야 친절히 대우하고 온당히 심문하야 임의로 말을하게 하얏다.(중략)

이상과 갓흐니 피고의 대부분의 외국인의 지도나 또는 고용을 밧는쟈 이 사실을 봄은 나의 가쟝 유감으로 생각하는 바이다. 나는 금후로 외국인이 조선인을 지도함에 당하야 더욱 더욱 간절히 하야 그들로 하여금 안녕질서를 문란케 함이 업도록 특별히 바라며 다시 다른 방편으로 이를 보면 피고부의 전부가 거의 긔독교 신도임으로 나는 긔독교 선교사와 목사는 제국이 쟝래에 그 교도를 훈화할 적에 그 나라에 들어서는 그 국법을 직히여 선량한 백성을 양육하기에 노력하기 바란다.[45]

위의 내용에서 보면, 일제는 첫째, 애국부인회가 전국적으로 13도에 있는 지부와 본부가 대단히 잘 정된 조직이었으며, 큰 계획을 가지고 있었는데 그것이 실행되었다면 그 禍害는 이루 말할 수 없었을 것이라고 하여 사건이 주는 충격이 상당했음을 보여 주고 있었다.

둘째, 모두가 여자의 몸으로서 이러한 계획에 참여한 것은 청년외교단 회원이었던 이병철 등이 감정을 자극하여 홀연히 가담하게 된 것이며, 또한

---

[45] 「大韓愛國婦人會員의 檢擧와 取調 終結, 대한애국부인회원의 검거와 취조 종결, 황애스터 마리아 등 구명 이외에 모다 특히 용서해, -감읍하고 총독각하의 인자-」, 『每日申報』, 1920년 1월 19일.

조선 사회가 이러한 일에 종사하는 것을 烈女와 같이 칭찬함으로 허영심을 갖게 된 것이라고 하며, 애국부인회의 항일정신을 극단적으로 폄하였다.

셋째, 조선 총독인 齋藤實은 부인들의 죄과에 대해 우려함이 크고 사법당국도 그 죄상이 진실로 미우나 총독의 寬厚함과 부녀자들의 가련함을 고려하여 김마리아와 황애시덕 등 죄상이 가장 현저한 9명을 제외하고는 특별히 용서하였다고 함으로써 일제가 이 사건에 대해 상당히 관대한 처분을 내렸음을 강조하였다. 뿐만 아니라 기사에서는 부인들을 체포할 때는 물론이요, 심문할 때도 주의하여 친절히 대우하였으며, 온당히 심문하고 임의로 말하게 했다고 하여 김마리아에 대한 혹독한 고문이 심각한 사회적 문제가 되고 있는 상황을 의식하고 있었음을 나타내고 있었다.

넷째, 검거된 애국부인회 회원들의 대부분이 외국인의 지도나 고용을 받고 있는 인물이며, 기독교신자임을 지적하면서 향후 국내에서 활동하고 있는 선교사들이나 목사들은 교도들을 지도함에 있어 '國法'을 지킬 것을 강조하기도 했다.

그런데 『매일신보』 이러한 논조는 3·1운동 직후부터 국내에서 전개되고 있는 모든 독립운동과 항일적 분위기가 국내인들의 자주적 역량에 의해서 이루진 것이 아니라, 선교사 등 외국인들의 사주나 보호 아래 이루진 것이라는 총독부의 선전정책의 일면을 반영하는 것이었다.[46]

또한 이 기사에서는 애국부인회 사건으로 인원과 소속에 대해서도 정리하고 있는데 이를 통해서본 검거된 총 인원은 80명이었으며, 그 대상자들은 세브란스 병원관계자(29명), 정신여학교(11명), 함남원산진성여학교(1명), 성배학원(1명), 이화학당(1명), 동대문□인병원(13명), 배재학당(1명), 경남진주

---

[46] 황민호, 「매일신보에 나타난 3·1운동의 전개와 조선총독부의 대응」, 『한국독립운동사연구』 제26집, 한국독립운동사연구소, 2006 참조.

광림여학교(3명), 전북전주기전여학교(1명), 함북성진조신여학교(2명), 함북성진제동병원(1명), 함북성진영생소학교(1명), 진명여학교(1명), 기타 학교교사 상해거주자 등이었던 것으로 나타나고 있다.

대한민국애국부인회와 대한독립청년외교단의 검거사건을 보도한 『매일신보』(1919.12.19)

그런데 검거된 인원 중에 세브란스병원의 29명, 동대문□인병원 13명, 함북성진제동병원 1명 등 43명의 병원관계자들이 포함되어 있었으며, 이는 애국부인회가 임시정부가 추진하고 있던 독립전쟁론을 뒷받침하고자 하는 분명한 노선을 갖고 있었음을 보여주는 것이라고 할 것이다.[47]

이밖에 김마리아에 대한 재판을 담당했던 檢事 河川는 1920년 6월 7일 오전 9시부터 대구지방법원 제1 소법정에서 진행된 재판에서 김마리아에 대해 '이정숙과 백신영을 결사대원으로 추천했는데 전쟁에 나가지 않는 이상 결사대가 무슨 필요가 있는가? 이는 듣지 않아도 독립운동의 불온단체인 것이 분명하며, 그들의 소행을 보건데 독립과 배일사상이 격렬한 것이 명료하니 이들에게 은혜를 베풀 필요도 없다고는 취지의 論告를 하였다.[48]

따라서 이상의 내용을 종합해 보면 김마아리가 조직한 애국부인회는 기존의 여성 독립운동단체와는 다른 차원에서 임시정부의 국내활동을 적극적으로 지원하는 한편, 향후에 전개될 독립전쟁에도 보다 구체적으로 대비하는 구체적이고 적극적인 독립운동을 염두에 둔 조직이었다고 할 것이다. 그리고 이는 당시 김마리아와 국내의 여성독립운동계가 독립운동 진영의 전체의 투쟁 전략과 노선을 정확하게 파악하고 이를 운동선상에서 반영하고자 했음을 보여주는 것이었다고 할 것이다.

2) 혹독한 拷問과 上海로의 탈출

경상북도 경찰부로 압송된 김마리아는 애국부인회의 회장이었고 2·8독립선언과 3·1운동에 적극적으로 참여한 김마리아에 대해 형용할 수 없는 혹독한 고문을 가한 것으로 나타나고 있다.

일경은 이미 오현주와 통해 애국부인회에 대해 중요한 증거를 확보하고 있었고 김마리아와 이병철의 가택을 수색하는 과정에서 많은 중요 문서들을

---

[47] 앞의, 『每日申報』, 1920년 1월 19일.
[48] 「대한청년외교단과 대한민국애국부인단의 제1회 공판방청 속기록」, 『동아일보』, 1920년 6월 11일.

확보한 상황이었기 때문에 그 연관관계를 밝히는 과정에서 김마리아는 핵심 인물일 수밖에 없었다. 당시 『매일신보』에서는 '蓮建洞 李秉奎의 집에 대한 가택수사를 행하야 土中에 深히 鍋內에 埋葬한 ○力한 증거 물건 비밀문서의 다수를 발견 압수하얏더라'라고 보도하고 있었다.

실제로 일제는 애국부인회와 관련하여, 1. 李東寧으로 愛國婦人會代表 金元慶에 對한 感謝狀(1통), 2. 金員領收證 正副共十枚式 申貞均 李德○○張支部 大邱支部 咸興支部 城津支部 愛國婦人會 會計課長, 3. 會員人名記(1매), 4. 우리 消息을 同胞의게 告함 石版○(1매), 5. 上海派遣 金元慶의 通信(1매), 6. 愛國婦人會 趣旨(1매), 7. 大韓民國愛國婦人會 本部 規則(2통 4매), 8. 大韓民國愛國婦人會 支部 規則(3매), 9. 請願書(1매), 10. 朝鮮愛國婦人會 幹事部 規則(8매), 11. 會員名簿(6매), 12. 愛成이라 刻한 契印(1개), 13. 大韓民國愛國婦人會 中央部之印(1개), 14. 大韓民國獨立愛國婦人會 中央部之印(1개), 15. 安昌浩及孫貞道與國內有志書(1통 13매), 16. 領收書 請願書 紀章及 赤十字會分布 等(2매), 17. 會長 李喜儆의 書簡(1통 2매), 18. 大韓赤十字 大韓總支部之印 (1개) 등의 증거를 확보하고 있었다.[49]

일제로서는 김마리아를 통해 애국부인회와 청년외교단과의 관계 및 임시정부의 국내조직의 연계 상황과 대한적십자회 대한지부의 현황 및 설립목적 등에 대해 명확하게 알고 싶었을 것이며, 김마리아로서는 그 어떤 것도 알려줄 수 없었을 것이다. 따라서 김마리아에 대한 경상북도 경찰부의 가혹한 고문은 계속되었으며,[50] 고문은 일본인 니시오카(西岡) 경부보와 조선인 형

---

[49] 『每日申報』, 1919년 12월 19일.
[50] 고문과정에서 일제는 김마리아에 대해 성고문도 자행한 것으로 보이는데 이와 관련해 遲耘 金綴洙(1893-1986)는 다음과 같이 증언한 바 있다. '김마리아 삼일운동 때 애국부인회 회장 아니여? 그리고 세상의 악형을 다 받아 미쳤어. 그런 마리아여. 그런데 미라이가 왜놈한테 악형을 어떻게 당했던지. 다들 입으로 말이 많은디. 그 말을

사 박준건에 의해 자행되었다.51)

이후 김마리아에 대한 일제의 고문 사실은 언론 보도 등을 통해 세간에 알려지면서 사회적 반향을 일으켰던 것으로 보인다.

> 먼저 이병철부터 취조를 시작하려 하다가 오미 재판장은 의자에 기대앉은 피고 중 병인 김마리아, 백신영에게 대하여 두 피고는 병인이라 이병철의 심문하는 소리를 듣기에 몹시 곤란하거든 나가 있으라. 만일 과히 곤란치 아니하거든 앉아서 듣는 것이 어떻겠느냐 고 물었다. 이 때 김마리아는 모기 소리만한 소리로 나가게 하여 주시면 감사하겠소. 그리고, 원래 우리 애국부인단은 남자 피고 이병철과 아무 관계가 없으니까 들을 필요도 없다고 대답한다. 이때에 백신영도 역시 김마리아와 같이 대답하므로, 제중원 간호부장되는 서양 부인과 또 한 사람의 조선 청년이 김마리아를 떠메어 내어 가는데 김마리아는 전신에다가 담요를 두르고 얼굴에는 보기도 흉한 흰수건으로 가리웠는데, 하얗게 세인 마리아 턱이 겨우 보이는 것이 마치 죽은 사람 같이 참혹하였고, 겨우 내놓은 두 손은 뼈만 남아서 차마 볼 수 없었다. 죽은 송장같이 축 늘어진 두 피고를 떠메어 내어 갈 때에 방청석의 부인네들은 모두 훌쩍훌쩍 우는 소리로 한참 동안 그 음산한 법정은 눈물 세상이 되고 말았다. 어떠한 부인은 차마 보기 싫은 듯이 고개를 돌리며 에이고 애처러워라 하고 그만 쏟아지는 눈물을 금치 못하였다.52)

'내가 안 하느디. 그럴 것 없다. 왜놈한테 이제 나 말해 버리고 형을 안 당할란다. 결심을 했대. 그렇게 말해 버릴라고. 아 그랬는디 여자를 데려다가 이놈들이 음부에다 불 달궈 가지고 화침질을. 아! 데려다 여기다 화침질을. 이러구서 이렇게 문대면 이것이 뱃겨질 거 아니여? 그것은 군산서도 그랬네. 왜놈들이. 그런디 종로경찰서에서 음부에다 화침질을 했네. 헌 것을 보고서는 그냥 혼절을 했어 마리아가. 아주 그냥 머리를 때리고 터지는 소리를 지르고 그냥 욕을 하구. 미쳐 버렸어. 영영 참말로 미쳤어. 왜놈들이 치료할라다 못한 게 나가서 치료하고 오니라는데 미쳐 버렸어' 한국정신문화원 현대사연구소(편), 『遲耘 金綴洙』, 한국정신문화연구원, 1999, 194쪽.

51) 앞의, 『김마리아-나는 대한의 독립과 결혼하였다』, 226쪽

위의 내용은 『동아일보』가 1920년 6월 9일에 보도한 애국부인회사건에 대한 공판 기사인데 이를 통해서 보면 재판장에 출두한 김마리아는 얼굴을 보기도 흉한 흰 수건으로 가린 채 앉아있기도 힘겨운 모습이었으며, 보다 못한 재판장이 재판에 참석하기 곤란하면 나가도 좋다고 할 정도의 상황이었던 것으로 보인다.

또한 제중원 간호부장의 부축을 받으며 재판정을 나가는 김마리아의 모습은 마치 죽은 송장같이 축 늘어진 참혹한 모습이었고 뼈만 남은 두 손은 차마 볼 수가 없었다고 한다. 그리고 이 모습을 본 부인들은 모두 훌쩍이며 눈물을 흘려 법정은 한동안 눈물바다가 되었고 부인들 중 차마 볼 수 없었던 사람은 고개를 돌리며 애처러워 하였고 쏟다지는 눈물을 금치 못하였다고 보도하였다. 한편 김마리아는 재판정을 나면서도 '애국부인단은 남자 피고 아무런 관련이 없으니까 들을 필요도 없다'고하여 관련자들을 보호하고자 하는 자신의 의지를 명확히 하였다.

또한 『동아일보』는 5월 24일자 기사에서도 김마리아를 면회를 하고 온 친지들을 증언을 인용하여 그의 건강 상태를 보도하였다.

　　大韓愛國婦人團首領 金瑪利亞는 대구 감옥에서 예심중 중병이 생겨 음식을 전폐하고 자못 위독한 상태에 있다함은 이미 보도한 바이지만 이 참혹한 소문을 듣고 일전에 어느 친지 몇 사람이 면회를 청하여 김마리아의 병상과 그 현상을 자세히 보고 온 사람의 말을 들은 즉 김마리아는 감옥에 들어간 이후로도 몹시 신체가 건강하지 못하고 <u>더구나 예심 중에 머리를 몹시 맞아서 정신이 혼미하게 되었든 중 암흑하고 갑갑하고 음습한 감방에 여러 달</u>

---

52) 「大韓愛國婦人團의과 大韓靑年外交團 第一回公判傍聽速記錄」, 『동아일보』, 1920년 6월 9일.

동안을 고통으로 지낸 까닭에 병은 점점 심하여 지금은 전신을 수습하지 못하고 밤낮으로 그 신음하는 슬픈 소리에 다른 방에 있는 여러 사람들도 잠을 이르지 못하고 오히려 그 고통으로 앓는 소리에 몸이 다 마를 지경이라 하며 길고 긴 삼사월 요사이에도 조금도 음식은 먹지 못하고 몸은 점점 파리 하여 도저히 회생할 희망은 없다하며 면회하러 간 사람을 만날 때도 몸을 가누지 못하고 그 자리에 넘어져 실신한 사람같이 간신히 입을 열어 두어 마디 말을 하는데 "나는 지금 어떠한 데 있는 지도 모르겠고 또 정신이 있는 지 없는지도 알 수 없다"고 전연히 □□한 꿈속에 있는 사람의 말과 같이 힘없이 숨이 찬 음성으로 간신히 두어 마디를 다 못하여 다시 혼미한 상태에 있다. 이러한 광경을 보고 있는 면회하는 사람들은 그 가엾고 불쌍한 광경을 보고 같이 더운 눈물을 흘리었다.53)

김마리아는 예심 중에 머리를 심하게 맞아 정신이 혼미하던 중에서 갑갑 하고 음습한 감옥에서 여러 달 동안 고생한 결과 병이 더 심해졌으며, 밤낮으 로 앓는 소리를 내어 다른 방에 있는 사람들이 고통으로 잠을 이루지 못하고 마를 지경이라고 하고 있음을 볼 수 있다. 또한 음식은 먹지도 못하고 몸은 점점 파리해져서 회생할 가능성이 없다고 하였으며, 면회한 사람들이 그 가 엾고 불쌍한 광경을 보고 다 같이 뜨거운 눈물을 흘렸다고 하였다.

한편 대구에서 병보석을 풀려난 김마리아를 면회하고 온 나혜석은 『동아 일보』에 기고문에서 학교의 기도시간에 어떤 선생이 김마리아의 병세가 위 중하여 3일 동안 미음 한 수저를 먹지 못했는데 만일 그가 죽으면 얼마나 아깝겠는가라고 하며, 눈물을 글썽이자 학생들도 모두 일제히 고개를 숙였고

---

53) 「북극 같은 감방에 실낱 같은 목숨이 오날인가 또는」, 『동아일보』는 5월 24일. 이밖 에 『동아일보』, 1920년 5월 19일자 기사에서는 '大邱獄中의 金瑪里亞危篤, 절식한 지 가 이틀, 위태한 그의 목숨'이라는 기사를 보도하기도 하였다.

집합장은 잠시 고요해졌다고 하였다.54) 또한 『조선일보』에서도 김마리아의 病氣가 심중하다고 하거나, 심중한 신병에도 불구하고 생사를 무릅쓰고 급행열차로 대구로 가게 되었다고 보도하기도 하였다.55) 실제로 김마리아는 인력거를 타고 법원에 入廷해야할 정도였던 것으로 보인다.56)

한편 김마리아의 옥중 상황에 대해서는 『매일신보』에서도 보도하고 있었는데 그 보도 경향을 크게 다른 느낌이었다.

> 방년 29인 김마리아는 작년의 독립사건으로 인연하야 동원에 꽃피이고 북뫼에 수양버들이 나부끼는 좋은 때에도 거친 바람만 잇는 철창 속에서 외로히 지나다가 무정하고 야속한 무서운 병마가 거듭하야 그 생명이 경각에 잇게됨에 필경은 보석이 되어 반죽음이 된 김마리아가 대구병원에 누어 연명만 기다리고 잇게 되엿다. 일즉 부모를 여의고 표류□서한 이 김마리아의 기왕과 현재를 보라.

『매일신보』에서는 김마리아에 대해 '독립사건'과 연루 되어 동원에 꽃이

---

54) 三一月, 「대구에 갓든 일을 金瑪利亞兄에게」, 『동아일보』, 1920년 6월 12일. '나는 兄님들의 後援者로 貞信女學校에 敎鞭을 잡게 되엿소. 그러함으로 兄님들의 消息은 恒常 祈禱時間에 集合場에서 듯게 되엿고 異口多言으로 別別말이 다 만핫섯스나 고지를 납직한 말이 업기로 늘 지나는 말노 드러오다가 畢竟은 어느날 아침 기도시간에 某先生님 報告에 依한즉 '兄의 病勢가 重하야 三日에 미음 한 수저 못 먹엇다'하며 '그가 萬一 죽는 날이면 얼마나 앗갑고 얼마나 불상하겟소'하며 눈물이 핑 돕네다. 先生의 얼굴을 처다보고 안젖든 學生一同의 머리는 일제히 숙일 때에 敎師席에 參席하엿든 나의 등어리에는 찬물을 족족 뿌리는 것 갓고 진저리를 첫나이다. 集合場은 暫間 고요하엿섯고 다 각각 자기의 심장 뛰는 소리만 듯고 잇섯슬 뿐이엿나이다'
55) 「15일 朝 급행열차로 김마리아가 대구로 往. 심중한 신병을 불고하며 생사를 무릅쓰고 떠났다」, 『조선일보』, 1920년 12월 16일. 「애국부인단 사건 피고인 金瑪利亞 병기 심중」, 『조선일보』, 1920년 7월 3일.
56) 「金瑪利亞 控訴公判, 김마리아는 병으로 인력거로 입정했다, 방청자 二百名」, 『每日申報』, 1920년 12월 18일.

피고 북뫼에 수양버들이 나부끼는 좋은 때에 철창 속에 외로이 지내다가 무정하고 야속한 병마가 거듭되어 필경은 반죽음으로 대구병원에 누어 영면만 기다리고 있게 되었다고 하였다. 뿐만 아니라 이 기사에서는 '虛無한 人生의 常事이냐, 金瑪利亞 病 드럿네, 최후의 사형선고가 병일 줄을 누가 생각하얏스리, 병원에서 신음하는 소리를 듣는가, 뼈의 뼈 속까지 든 이 병을 엇지하나'라는 표제를 달기도 하였다.57)

그러나 『매일신보』조차도 김마리아의 옥중 상황에 대한 사회적 파장을 외면만 하고 있는 어려웠던 것으로 보인다.

> 나는 귀보 제4495호 제3면을 보다가 감정도 나고 눈물도 절로 나서 신문을 모두 찌젓슴니다. 볼 것이업서 그런 것이 안이라 여러분이 아는 바와 갓치 애국부인단 김마리아라하면 우리 이천만 동포가 다 알다십히 대구경찰서에 잡혀 심문을 당하엿는데 오늘까지 무서운 악형을 당한 사실은 신문에 보앗지요만은 생명이 위태하야 대구병원에 입원케 하엿다는 긔사를 보고 아모리 죄는 젓기로 남자도 아닌 여자의 연약한 몸에 그리 몹시 악형을 하여 죽이면 속이 시원할가요 참불상하여요 귀보에 난 것을 보고 원통한 눈물 설움이 쏘다 젓슴니다.(동창생)58)

동창생이라는 익명을 사용한 투고자는 대구경찰서에서 악형을 당해 병원에 누워있는 김마리아에 대한 기사를 읽고 아무리 죄를 졌어도 연약한 여자

---

57) 이밖에 이 기사에서는 '철창에서 병원에, 대구병원에 길게 누어 인사불성 하는 마리아, 혼수상태에 빠진 마리아는 오직 하늘만 부르짖는 그의 심정, 그 기구한 팔자 그만병 드러 죽고 말려나 그 파란중첩한 생활을' 등을 소제목으로 하고 있었다. 『每日申報』, 1920년 5월 27일.
58) 「讀者俱樂部」, 『每日申報』, 1920년 5월 29일.

에게 그런 몹쓸 악형을 가하여 죽이면 속이 시원한가요라고 반문하며, 원통한 눈물이 쏟아져 신문을 모두 찢어버렸다는 기고문을 게재하기도 하였다.

1920년 5월 22일 병보석으로 대구 감옥에서 풀려난59) 김마리아는 초기에는 대구에서 치료를 받았으나 적절한 치료가 불가능한 상황이라 서울의 세브란스병원으로 옮겼으며, 의사와 간호원들의 정성스러운 치료에 힘입어 '청신한 정신'으로 병세가 호전되어 대구와 서울을 오가며 재판을 받았던 것으로 보인다.60)

그리고 세브란스병원에 치료 받는 동안 김마리아의 망명계획이 구체화된 것으로 보이는데 김마리아는 1921년 4월 일제의 감시를 약화시키고 요양을 위해 위성북동의 한적한 농가를 얻어 생활하고 있으며,61) 이 시기부터 김마리아의 상해로의 망명계획이 구체화되었던 것으로 보인다. 그녀의 망명 계획은 선교사 맥퀸의 제자 유응념의 권고와 조력에 의해 이루어졌는데 당시 25세였던 그는 임시정부 교통국 參事로『독립신문』과『신한공보』를 국내로 들여와 선전하는 활동을 전개하였으며, 김마리아와 임시정부 경무국장 도인권의 가족과 의정원 의원인 김붕준의 가족 등을 국내로 탈출시키는데 결정적인 역할을 하였다.62)

---

59) 「金瑪利亞保釋, 백신영과 함께 보석 리뎡숙도 족부에 병」,『동아일보』, 1920년 5월 26일.
60) 「病이 快하야 金瑪利亞退京, 작일 아츰에 대구로 츌발 대한애국부인단의 수령 김마리아」,『동아일보』, 1920년 9월 2일.
61) 「金瑪利亞의 轉地療養. 동소문 성복동으로 가서 약수를 먹는다」,『조선일보』, 1921년 3월 29일.
62) 유준기, 앞의 논문, 180~181쪽.「仁川을 中心으로 한 重大事件의 眞相, 십구일오전발표, 軍資募集에 專力, 상해가정부와 교통하고자 배 한척을 사다가 발각톄포, 犯人尹應念은 前에는 交通部參事로 김마리아를 상해로 호송한 것도 이 사람의 일이다」,『동아일보』, 1923년 5월 20일

망명을 결심한 김마리아는 1921년 6월 28일 오후 4시 세브란스병원에서 퇴원한 후 밤을 기다려 윤응념이 준비한 인력거를 타고 인천으로 출발하였는데 도중에 중국인 요리점에 들려 중국인 옷을 변장하였으며, 자동차를 타고 인천에 도착하였으며, 중국인 교회에서 일주일을 머물며, 신병을 조섭한 후 배편으로 인천을 떠났던 것으로 보인다.[63]

김마리아가 탈출에 성공하자 당황한 일제는 1921년 8월 1일부로 경성복심법원 佐藤檢事長의 명으로 入獄 명령을 내리기도 하였으나 이미 북경을 거쳐 상해 임시정부로 망명에 성공했다는 소문이 널리 퍼져있는 상황이었으며,[64] 국내언론에서 이 사건에 대해 '인천중대사건'이라고 명명하기도 하였다.[65]

인천을 출발한 김마리아는 1921년 7월 21일 중국 산동반도의 항구도시 威海衛에 도착하였으며,[66] 그로부터 2주 후에는 6월 3일 경 이모부인 서병호가 임시정부의 영접대표로 김마리아를 찾아왔으며, 8월 10일경 상해에 도착한 김마리아는 해 친지들의 극진한 간호를 받으며, 건강을 회복할 수 있었고 중국어를 공부하여 1922년 2월경 미국 선교사가 설립한 기독교계 사립대학인 남경 금릉대학에 입학하여 학업에 정진하였다.

---

[63] 박용옥, 앞의 책, 283쪽.
[64] 「金瑪利亞 脫走說에 對하여, 問노니 爾今 安在哉오, 金瑪利亞 脫走說에 對하여, 問노니 爾今 安在哉오. 상해를 갓다고도하나 자세한 보고가 업서서 아직몰라」, 『每日申報』, 1921년 8월 6일.
[65] 「인천 중대 사건의 顚末, 교통부 參事가 된 동기, 제1회 임무는 성공, 金 마리아를 비밀 渡滬(상해), 동지를 규합, 자금모집의 제1착, 모집금액으로 선박 구입. 金有根과의 관계, 尹應念의 담대한 언동」, 『조선일보』, 1923년 5월 20일.
[66] 「金瑪利亞孃 朝鮮 脫走顚末(一) 學生을 政治運動, 罪囚로 變裝出境, 중병으로 인하야 일시 보석출옥 입원 치료 하다가 변장하야 탈주(讀者와 記者欄)」, 『동아일보』, 1925년 8월 15일. 「金瑪利亞孃 朝鮮 脫走顚末(二) 仁川서 上海까지, 經路는 滄海 萬里, 강산아 잘잇거라 인제서 배타고 바람과 물결과 병으로 이십여일(讀者와 記者欄)」, 『동아일보』, 1925년 8월 16일.

혼춘 연통랍자에는 원래 祖先愛國婦人會라는 것이 있어서 이미 세상을 떠난 黃丙吉이가 수령이 되어 혼춘현과 왕청현에 비상한 세력을 가지고 勸學會일파와 기맥을 통하여 여러 가지 배일운동에 종사하는 중 재작년에 간도에 일본군사가 출병하였을 때 모두 해산되었는데 근일 김마리아라는 여자가 다시 애국부인회를 부흥하여 전기 연통랍자 야소교 회당에서 발회식을 거행하고 스스로 회장이 되어 혼춘지방은 다시 배일단의 근거지가 되었음으로 향○ 新乾原을 독립단이 습격한 일과 함께 매우 주목할 가치가 있다더라.[67]

한편, 위의 내용은 북간도 혼춘지역에서의 김마리아의 활동을 보도한 『동아일보』 1922년 2월 4일자의 기사 인데 이를 통해서 보면 혼춘의 연통랍자에는 원래 애국부인회가 있었는데 최근 '김마리아라는 여자'가 이 지역의 유력한 독립운동 지도자였던 황병길 계열의 勸學會세력과 연결하여 다시 애국부인회를 '發會'하는 등 적극적인 활동을 전개하고 있다고 보도하였다.

그런데 『동아일보』의 이 같은 보도는 당시 김마리아의 상황을 정확하게 파악하고 있는 것은 아닌 것으로 보이지만, 적어도 국내에서는 김마리아가 일제의 감시망을 극적으로 탈출하여 다시 독립운동을 전개할 수 있게 된 상황과 관련하여 그와 관련한 일정한 사회적 반향을 표현하고 있었던 것으로 생각된다고 하겠다.

---

[67] 「琿春에 愛國婦人會, 김마리아라는 여자가 중심이 되야, 애국부인회를 다시 이르켰다고」, 『동아일보』, 1922년 2월 4일.

5. 맺음말

본고에서는 지금까지 김마리아의 국내에서의 민족운동에 대해 독립운동가 집안으로서의 가족관계와 민족교육, 동경유학과 여자유학생친목회 회장으로서의 활동과 2·8독립선언 참여와 3·1운동 참여과정에 대해 살펴보았다.

특히 본고에서는 3·1운동 후 출옥한 김마리아가 대한민국애국부인회를 조직하는 과정에서 그의 투쟁노선이 임시정부의 독립전쟁론을 보다 조직적으로 후원하기 위한 것이었음을 보다 분명히 하였다.

또한 체포 이후 김마리아가 조직과 동지들을 보호하기 위해 견뎌냈던 고문의 고통과 그 사회적 영향력에 대해 당시의 언론기록을 통해 정리하였으며, 이는 그의 투쟁이 단지 여성 개인의 투쟁을 넘어 3·1운동 이후 일제의 극심한 언론통제가 이루지고 있는 상황에서도 국내 민중들의 독립의식을 고양시키는 의연한 투쟁이었다고 할 것이다.

또한 병보석으로 석방된 김마리아가 임시정부의 국내 연결조직인 교통국의 도움으로 상해 무사히 탈출하는 과정에 대해서도 살펴보았는데 이는 김마리아의 탈출이 역시 여성독립운동가로서의 결단력 있는 결행이었음을 보여주는 것이었으며, 임시정부 국내조직의 활약상의 일면을 보여주는 의거였음을 확인하고자 하였다.

따라서 김마리아는 3·1운동을 전후하여 국내외를 통해 가장 활발하게 독립운동을 전개했던 여성독립운동가의 대표적 인물이었으며, 그녀가 상해로 탈출하기 이전 국내에서 전개했던 3·1운동과 애국부인회의 활동 및 3·1운동의 촉매제가 되었던 일본에서의 활동과 국내로의 귀국, 그리고 일제의 모진 고문 속에서도 의기를 꺾지 않고 견뎌냈던 고통의 시간들은 김마리아의 민족정신과 투쟁의지의 강인함을 보여주는 것이었다고 할 것이다.

참고문헌

『東亞日報』,『皇城新聞』,『朝鮮日報』,『每日申報』,『女子界』,『學之光』.
「金瑪利亞 신문조서」(제2회),『한민족독립운동사자료집』14권, 국사편찬위원회.
경상북도 경찰부,「大韓民國靑年外交團 및 大韓民國愛國婦人會事件判決書」,『高等警察要史』, 1934.
김구,『백범일지』, 백범김구선생기념사업회, 1971.
김영란,『조국과 여성을 비춘 불멸의 별 김마리아』, 북산책, 2012.
김영삼,『김마리아』, 한국신학연구소, 1983.
김창수,「3·1運動과 沃坡 李鍾一―『沃坡備忘錄』을 中心으로―」,『中央史學―上岩金鎬逸敎授定年紀念特輯―』21, 韓國中央史學會, 2005.
박용옥,『김마리아-나는 대한의 독립과 결혼하였다』, 홍성사, 2003.
박용옥,『한국독립운동의 역사-여성운동』, 독립기념관, 2009.
박영랑·김순근·이두범,「桂園 노백린 편」,『獨立血史』, 대한문화정보사, 1956.
박화성,『송산 황신덕 선생의 사상과 생활 – 새벽에 외치다』, 휘문출판사, 1966.
윤병석·윤경로 엮음,『안창호 일대기』, 역민사, 1985.
雩南 李承晩文書編纂委員會編,『梨花莊所藏 雩南李承晩文書』19, 延世大學校 韓國學硏究所, 1998.
전병무,『한국 항일여성운동의 대모 김마리아』, 한국독립운동사연구소, 2015.
박용옥,「김마리아의 망명생활과 독립운동」,『한국민족운동사연구』22, 1999.
유준기,「김마리아의 생애와 독립운동」,『한국보훈논총』8-1, 2006.
이현희,「김마리아의 생애와 애국활동」,『韓國史論叢』, 성신여자사범대학, 1978.
전택부,「소래마을과 기독교와 김마리아 일가」,『나라사랑』30, 외솔회, 1978.
정일형,「김마리아론」,『우리키』6, 1935.
황민호,「매일신보에 나타난 3·1운동의 전개와 조선총독부의 대응」,『한국독립운동사연구』제26집, 한국독립운동사연구소, 2006.

황애덕과 대한민국애국부인회

윤정란 (숭실대 한국기독교문화연구원 교수)

황애덕과 대한민국애국부인회

윤정란 (숭실대 한국기독교문화연구원 교수)

1. 머리말

한국 여성운동은 1898년 여권통문 선언과 찬양회가 조직되면서 시작되었다. 이후 여성운동은 항일여성운동으로 전환하면서 발전하였다. 구한말 나라의 운명은 언제 식민지가 될지 모르는 상황이었다. 이러한 시대적 배경에서 여성들은 국채보상운동에 적극 참여하면서 여성도 국가의 일원이라는 점을 대내적으로 각인시켰다. 1910년 일제에 의해 강제 점령당하면서 여성들은 비밀결사조직을 결성, 비밀리에 독립운동을 전개하였다. 이러한 역량의 강화는 1919년 3·1만세운동으로 나타났으며, 전국적으로 여성들의 존재를 각인시키는 계기가 되었다. 여성운동은 이러한 항일운동의 경험을 토대로 지속적으로 발전되었다.

본고는 황애덕이라는 인물을 통해 한국 여성들이 이러한 역사적 과정에 어떻게 참여할 수 있었는지를 살펴보고자 한다. 황애덕은 1892년에 태어나 1971년에 세상을 떠날 때까지 교육자, 항일운동가, 농촌계몽가, 정치인으로서 한 시대의 획을 그었으며, 이러한 정신을 계승하고 여성들을 위한 다양한 사업을 하기 위해 1967년 3·1여성 동지회 결성을 발의하고 초대 회장을 역임했던 인물이다.

2. 성장배경

황애덕은 많은 여성들이 식민지 가부장제적인 굴레 속에서 신음하고 있을 때 여성의 인간적인 가치를 자각하고 이를 해결하기 위해 평생을 노력하면서 살았다. 이러한 자각을 남보다 먼저 하게 된 것은 그를 둘러싼 성장배경 즉 가정, 학교, 교회, 지리적 환경에 있었다.

첫 번째 그의 가정환경은 여아들에게도 근대교육을 시킬 만큼 개방적이었다. 황애덕은 1892년 평양 외성에서 아버지 황석청과 어머니 홍유례 사이에서 6녀 1남 중 넷째로 태어났다. 아버지 황석청은 본관이 제안 황 씨로서 양반 가문의 자손이었다. 그의 원래 이름은 황석헌이었다. 이름을 바꾼 사연은 이러했다. 그의 부친이 평안감찰사 민영휘 수하의 감찰로 있을 때였다. 황감찰의 소실이 다른 사람과의 언쟁으로 큰 실수를 저질러 온 가족이 사람들을 피해 숨을 수밖에 없었다. 고소와 시비로 인해 가세가 많이 기울어지면서 황석헌은 황석청으로 개명하였다. 이러한 사정이 있었지만 생활하는 데는 어려움이 없었다. 넓은 토지와 팔십 칸의 주택을 소유하고 있었다.[1] 어머니 홍유례도 부유한 집안의 출신이었다. 열두 바리의 예물을 싣고 시집왔다고 소문이 날 정도였다.[2]

---

[1] 박화성, 『새벽에 외치다』, 휘문출판사, 1966, 16쪽

[2] 위의 책, 37쪽.

아버지는 유학을 공부한 선비였다. 벼슬을 하기 위해 한양에도 몇 번 다녀왔지만 서북지역인에 대한 차별로 쉽지 않았다. 결국은 포기하고 가정생활에 충실하였다. 아버지는 유학을 공부한 선비답게 자녀들에게는 유교적인 부덕을 교육시켰다. 이러한 가정교육을 받았던 그의 자녀들은 문밖 출입하는 것도 무서워하였으며, 바느질하고 가사 일을 배워서 시집가는 것이 여자로서 최선의 임무라고 생각했다. 특히 황애덕의 집안에는 큰 서당이 있어서 동네 아이들뿐 아니라 집안사람들이 이곳에서 공부를 하였다.[3] 이처럼 유교적인 여성교육을 철저하게 강조하던 황애덕의 부모는 서양선교사와의 만남을 계기로 사고를 전환하게 되었다. 어머니 홍유례가 막내 황신덕을 출산할 때였다. 출산은 했지만 태가 나오지 않아 사흘 동안 고생을 하였다. 언제 세상을 떠날지 모르는 상황이었다. 명의라고 하는 의원은 모두 데려와 치료를 했지만 효과가 없었다. 어떤 방법을 써야 할지 모르는 상태에서 이웃 사람이 서양 의사에게 가보라고 권하였다. 황석청은 여의사 홀이 있는 남산현 병원으로 달려갔다. 다행히 닥터 홀의 도움으로 어머니 홍유례와 황신덕은 목숨을 건지게 되었다. 이를 계기로 황석청과 홍유례는 교회에 다니게 되었다.[4] 이로 인해 집안과도 멀어지게 되었다. 제사를 지내지 않았기 때문에 온 친척들이 반대를 하고 왕래를 하지 않았다.[5] 그럼에도 불구하고 황애덕, 황인덕, 황신덕은 모두 남산현교회에서 유아세례를 받았다. 그 후로 매월 3일만 되면 닥터 홀이 황애덕의 집을 방문하여 예배를 드렸다. 이날은 그 지역민들도 모두 참석했다. 황애덕 가족은 어느 덧 유교적인 분위기에서 벗어나 있었다. 딸들도 근대교육을 시켜야 한다고 생각했다.

---

[3] 황신덕, 「인생역정」, 『무너지지 않는 집을』, 황신덕기념사업회, 1984, 314쪽.
[4] 박화성, 앞의 책, 18~20쪽.
[5] 황신덕, 앞의 글, 316쪽.

1904년 러일전쟁으로 외성에서 배재라는 시골로 피난을 떠났다. 그곳에서 1년간 지낸 후 아버지는 평양 중심으로 삶의 터전을 옮겼다. 그곳은 서양선교사들도 있었고 새로운 문명의 혜택을 가장 많이 받고 있었다. 특히 교회와 학교가 그곳에 있었다. 이곳에서 황석청은 작은 점포를 운영하며 생계를 이었다. 어머니는 닥터홀 의사의 요청으로 기홀병원에서 근무를 하게 되었다.[6] 황애덕은 13세가 되어 있었고 동생 인덕은 9세였다. 아버지는 황애덕 대신 인덕을 정진소학교에 입학시켰다. 서운했지만 1년을 참았다. 그러다 막내 신덕까지 소학교에 입학시켰다. 황애덕은 아버지의 처사가 매우 불공정하다고 생각하여 단식투쟁에 들어갔다. 다섯 끼를 굶자 어머니도 합세해서 황애덕을 지지해 주었다. 이렇게 해서 아버지의 허락을 얻어 정진소학교 3학년으로 편입하였다.[7] 황애덕이 근대교육을 받을 수 있었던 것은 본인의 의지도 확고하였지만 부모의 가치관에 의한 것이 더 컸다고 할 수 있다. 아버지는 기독교보다 근대교육에 더 많은 관심을 가지고 있었다. 황석청은 이사를 온 후에 점포를 운영하면서 독학을 하여 의생 면허를 취득했다. 그 후 약방을 경영하며 환자를 진맥하고 약을 만들면서 새로운 세상에 대한 열정으로 가득 찼다.[8] 그런데 세 딸이 모두 일반공부보다는 항상 성경만 암기하는 것을 보고 화가 나서 학교 당국에 진정서를 보냈다. 지리와 역사 등 신학문의 시간을 더 늘려서 살아있는 지식을 얻을 수 있게 해 달라는 요청이었다. 그러나 학교당국으로부터 묵살당해 버렸다. 이에 화가 난 황석청은 딸들을 모두 학교에 못 보내게 하였다. 홍유례는 뒷문으로 아이들을 학교에 보냈다. 황석청은 알고 있었지만 모른 체 하였다.[9]

6) 위의 글, 314쪽.
7) 박화성, 앞의 책, 29~31쪽.
8) 황신덕, 앞의 글, 317쪽.

이러한 신학문에 대한 아버지의 열정은 황애덕에게 배움의 기회를 가지게 해 주는데 큰 역할을 하였다. 그리고 어머니도 교회와 병원에 다니면서 새로운 문화를 접하였다. 전통적으로 병을 진찰하고 치료하는 것은 남성의 역할이었다. 그런데 닥터홀은 여자임에도 불구하고 남성들이 하는 역할을 했다. 이를 통해 홍유례는 많은 것을 배웠다. 여성들도 배워야 한다는 자각을 했다고 볼 수 있다. 그랬기 때문에 황애덕이 단식투쟁을 할 때도 적극적으로 딸을 지지했던 것이다. 이러한 가정환경이었기 때문에 황애덕은 근대교육을 받을 수 있었고 이러한 배움을 통해 더 큰 자각을 할 수 있었다고 본다.

둘째, 학교생활을 들 수 있다. 황애덕은 단식투쟁으로 평양의 정진소학교 3학년으로 편입하였다. 그녀는 이미 한자와 숫자를 깨우쳤기 때문에 부친은 더 이상 교육이 필요 없다고 생각했다. 그러나 황애덕은 반드시 학교에 가고 싶었다. 그래서 단식투쟁을 해서 자신의 의지를 관철시켰다. 정진여학교는 평양에서 여성을 위해 설치된 서북지역 최초의 여자교육 기관이었다. 1896년 노블(Noble, W. Arthur)여사에 의해 남산현 교회의 방 하나에서 시작되었다. 처음에는 15명의 여아들을 모아 놓고 가르쳤다. 한문, 산술, 서양식 뜨개질, 지리, 수학, 음악, 교리문답, 사민필지 등을 가르쳤다.10) 학교의 최종목표는 기독교 전도인을 양성하는 것이었으므로 종교과목에 많은 시간을 할애하였다. 황애덕의 부친은 이러한 학교의 방침에 불만이었다. 러일전쟁까지 체험한 그는 국가가 부강해야 만이 개인도 안전할 수 있다고 생각하여 지금 당장 근대학문을 더 많이 배워야 한다고 생각했다. 그래서 세 딸이 다니고 있는 학교의 교장인 로빈스(Robbins, Henrietta p)에게 다음과 같은 진정서를 보냈다.

---

9) 박화성, 앞의 책, 35~36쪽.
10) 장병욱, 『한국감리교여성사』, 성광문화서, 1979, 176쪽.

주님의 말씀을 많이 가르치는 일도 좋은 일이오나 좀 더 신학문의 시간을 늘리시는 것도 시급한 일이라고 생각됩니다. 지리와 역사도 성경과 마찬가지로 외는 데 치중할 것이 아니라 그 내용을 이해시켜서 그들의 살아 있는 지식이 되도록 해 주시기를 바랍니다. 소생이 이렇게 외람되이 여러 가지를 희망하옵는 의도는 오로지 우리나라의 교육을 위하여 본국을 떠나서 외국에 선교와 육영으로 봉사하시는 선생님들의 교육에 대한 다소의 협조가 될까 하는 작은 정성에서 우러나온 것이오니, 널리 양해하시와 일고의 참조가 되어 주시옵소서.11)

로빈스 교장은 1902년 미감리회 선교사로 내한하여 평양에서 활동하고 있었다. 그런데 이러한 편지를 받고 전혀 아무런 답변도 주지 않았다. 선교사들의 목적은 기독교인을 양성하는 것이지 한국인을 위한 교육기관이 아니었다. 가장 중요한 과목은 기독교였다. 그래서 황애덕 부친의 진정서에 답변을 줄 수 없었다. 당시 황애덕과 그의 동생들은 아버지의 명에 의해 학교에 갈 수 없게 되었으나 어머니의 기지로 하루 결석한 후에 다시 학교에 다녔다. 이처럼 불균형의 교육이었으나 황애덕은 학교에서 많은 것을 배웠다. 특히 헐버트에 의해 씌여진 사민필지는 학생들에게 많은 영향을 주었다. 이 책은 교과목 중 필수과목이었다. 1891년에 간행된 이 책은 세계 각국의 면적, 지형, 기후, 자원, 인구, 인종, 주요사업, 정치체제, 법률, 교육체계, 부세, 교통수단, 종교 등으로 구성되어 있었다. 당시 이 책은 한문본으로도 번역되어 많은 한국인들에게 세계 각국의 동향을 파악하는데 도움을 주었다. 당시에 같은 학교를 다녔던 박현숙도 사민필지를 통해 많은 영향을 받았음을 이렇게 밝혔다.12)

---

11) 박화성, 앞의 책, 35쪽.

당시 한국의 정치는 부패하고 국운은 기울어져서 내일의 운명을 예측키 어려울만치 초조롭던 때였다. 게다가 무도한 일본의 침략 야망은 전국 방방 곡곡에 그 손길이 퍼져 한일합방의 정치기류는 날이 갈수록 짙어가기만 하던 때였다. 그렇기에 어린 학생들에게 심상치 않은 조국의 정세를 들려주고 애국정신을 고취시키는데엔 이 사민필지를 다루는 시간은 정녕 귀하고 값 있는 시간일 수밖에 없었던 것이다. …내 나라의 역사, 조국의 기나긴 역사의 변천, 내 나라와 다른 나라들과의 관계 등을 지적하며 가르치심에 온 흥미를 경주하며 경청하게 되었다.

황애덕은 정진학교를 최우등으로 졸업하였다. 상급학교는 평양내에 없었기 때문에 서울에 있는 이화학당으로 가야 했다. 이화학당도 중등과가 없었으나 1904년에 설치되었다. 그러나 아버지는 진학을 반대하였다. 배울 만큼 배웠기 때문에 혼인을 해야 한다고 했다. 그리고 14세 때 이미 약혼한 사람이 있었다. 황애덕은 아직도 더 배워야 한다고 생각했기 때문에 혼인에 대해서는 전혀 마음이 없었다. 또 단식투쟁을 했다. 이를 본 어머니 홍유례는 딸의 미래를 위해서 후원해 주었다. 황애덕은 다행히 장학금을 받고 이화학당 중등과에 입학할 수 있었다.[13] 황애덕은 이화학당에서 더 많은 것을 배웠다. 국어, 한문, 산술, 역사, 지리, 성경, 영어, 이과, 도화, 생리, 음악, 작문습자, 재봉, 체조 등 다양한 공부에 접했다. 그리고 기숙사 생활로 많은 친구들을 사귀었다.[14]

언어, 복장에서부터 서울의 모든 풍습은 평양과 많은 차이가 있었다. 황애덕은 평양에서 줄곧 긴저고리를 입고 머리에 수건을 쓰고 다녔으나 짧은 저

---

12) 박찬일,『심은대로』, 신흥인쇄공사, 1968, 25~26쪽.
13) 박화성, 앞의 책, 38~39쪽.
14) 노천명,『이화 70년사』, 이화여자대학교출판부, 1956, 59쪽.

고리를 입고 이제는 수건 대신 유행하는 머리를 했다. 그리고 시계를 차고 징을 박은 구두를 신었다. 황애덕은 여름방학을 맞아 서울에서 유행하는 옷차림으로 친구 양매륜과 평양으로 함께 돌아왔다. 이러한 학교생활을 통해 황애덕은 많은 것을 배웠다.15) 1910년 황애덕은 이화학당을 졸업하고 숭의여학교의 교원으로 임명되어 평양으로 돌아왔다.

세 번째는 시대적인 환경, 평양이라는 지리적 환경과 남산현교회를 통한 종교인으로서의 생활이었다. 1900년대에는 나라의 운명이 시시각각으로 위태로워지고 있었으므로 뜻있는 애국운동가들은 전국을 돌면서 한국인들의 자각을 호소하고 다녔다. 도산 안창호는 여러 차례 평양을 방문하여 호소력 짙은 강연을 하고 사람들에게 '애국가'등의 창가를 부르게 하는 등 그 당시의 어린 여아들에게 많은 영향을 주었다. 황신덕은 당시에 이를 "그게 퍽 머리에 깊이 박혀서 일생을 지배하는 것 같더군요"라고 회상을 했다.16) 이러한 시대에 평양은 어느 지역보다 기독교를 적극적으로 받아들였다. 평양은 '동양의 예루살렘'이라고 할 정도였다. 그리고 평양에는 안창호, 조만식 등을 비롯한 많은 애국지사들이 거주하고 있었으며, 이들은 대부분이 기독교인이었다. 황신덕은 당시 평양의 분위기를 다음과 같이 기억했다.

> 전 평양의 분위기가 교회 일색이었어요. 주일 날 같은 때는 여기로 말하면 종로 일대의 가게문을 꼭 닫아 걸고 종소리가 사면에서 경쟁적으로 울릴 그럴 정도로 분위기가 기독교적이어서 그 때는 참 좋았습니다.17)

---

15) 황신덕, 앞의 글, 321쪽.
16) 위의 글, 317쪽.
17) 위의 글, 319쪽.

이러한 분위기에서 황애덕은 성장했다. 그는 또한 남산현교회에 다니면서 다양한 새로운 경험을 하였다. 선교사로 내한한 여자선교사들, 전도부인들, 부녀회 등을 보면서 자신의 삶에 대해 많은 생각을 했었을 것이다. 이러한 기독교적인 환경, 평양만의 독특한 애국적인 분위기, 시대적인 환경 등은 황애덕에게 어떤 길로 나아가야 하는지를 보여주었다고 할 수 있다. 평양 숭의 여학교에 재직하면서 황애덕은 부모님께 또 다시 혼인을 강요받았다. 그러나 이미 혼인한 두 언니는 별로 행복해 보이지 않았다. 첫째 언니는 원산으로 시집을 갔는데 얼마 후 남편은 미국으로 가버렸다. 그래서 딸 하나를 데리고 살았으며, 둘째 언니의 남편은 다른 부인을 얻어서 같이 살지 않았다. 그래서 둘째 언니는 아들을 데리고 남편 없이 살았다.[18] 황애덕의 입장에서는 이러한 결혼을 하고 싶지 않았을 것이다. 그리고 이미 서울에 있을 때 친구들이랑 애국모임을 만들어서 활동을 한 경력도 있었다. 이러한 생활을 이미 해 버렸기 때문에 시골 양반 출신의 남자와는 절대 혼인을 할 수 없다고 생각했을 것이다.

황애덕은 혼인절차를 상의하기 위해 방문한 박 씨와 직접 대면하여 자신의 뜻을 전했다. 자신을 농촌에 데려다가 무엇을 할 계획이냐며 따졌던 것이다. 결국은 파혼을 시켜버렸다. 자신은 좀 더 공부해서 나라의 일을 하고 싶었던 것이다.[19]

---

[18] 「명문 따님 5형제 행진곡」, 『삼천리』, 1932년 2월, 54쪽.
[19] 박화성, 앞의 책, 45~46쪽.

3. 송죽결사대의 조직과 활동

황애덕은 평양 숭의여학교 교사로 부임하면서 항일운동에 나서기 시작했다.20) 1910년 평양 숭의여학교 교사로 부임한 그는 교사와 학생들 중심으로 애국비밀단체를 만들었다. 숭의여학교는 북장로교 선교부에서 6년제 예수교소학교를 1회로 졸업한 학생들이 생기자 이들을 위한 상급학교로 1903년에 설치되었다.21) 그 후 1906년에 이르러 장로교와 감리교가 합동으로 경영하였다.22) 이처럼 감리교도 이 학교의 경영에 참여할 수 있게 되었기 때문에 황애덕은 교사로 부임할 수 있었다. 그는 1년 동안 이 학교에서 재직하다 닥터 홀의 권유로 잠시 서울에 머물렀다. 의학을 공부하기 위해서였다. 그러나 적성에 맞지 않아 다시 숭의여학교로 돌아왔다. 그리고 비밀결사조직을 만들겠다고 생각했다.23)

황애덕은 숭의여학교를 1회로 졸업한 후 모교에서 후배들을 가르치던 김경희와 먼저 접촉했다. 그는 황애덕에게 안정석과 이효덕을 소개해주었다. 이 세 사람은 뜻을 같이하여 비밀결사단체를 만들기로 계획하고 교사와 학생들을 더 끌어들였다. 김경희는 1908년 졸업 후 3년간 모교에서 교사로 3년간 재직하다 목포 정명여학교로 전근 갔다가 다시 평양으로 돌아왔다. 그는 숭현여학교에서 교사로 활동 중이었다.24)

이들은 1913년에 비밀결사단체를 송죽결사대라 명명하고 활동하기 시작했다. 나이가 어린 사람은 죽형제, 어느 정도 나이가 있는 사람은 송형제로

---

20) 황애덕, 「3·1운동과 여성의 활약」, 『신천지』제1권2호, 1946년 3월, 142쪽.
21) 숭의여자중고등학교, 『숭의 60년사』, 동아출판사, 1963, 80쪽.
22) 위의 책, 100쪽.
23) 박화성, 앞의 책, 64~69쪽.
24) 이덕주, 『한국교회 처음여성들』, 기독교문사, 1990, 128쪽.

불렀다. 송죽은 청솔과 참대라는 의미였다. 이 중 참대는 충정공 민영환과 관련된 이야기에서 따 왔다.

황애덕은 김경희와 더불어 숭의여학교에서 학교장과 동료직원들에게 두터운 신임을 얻고 있었으며, 학생들에게는 존경을 받고 있었다. 이들은 성적이 우수하고 모범 학생들을 이 비밀조직에 끌어들였다.

황애덕은 김경희, 안정석, 최의경, 박치은, 이효덕, 박현숙과 함께 김경희를 회장으로 선출하였다. 이들을 송형제라 불렀으며, 재학생 최자혜, 박경애, 채광덕, 최순덕, 이마대, 서매물, 홍마태, 황신덕, 김옥석 등이 참여하였다. 송죽결사대는 전원 찬성을 얻어 사진 한 장을 사진첩에 붙이면 대원으로 활동 할 수 있었다. 그 후에는 매월 회비 30전을 내야 했으며, 매월 15일 밤 12시에 열리는 회의에 참여해야 했다. 모임 장소는 학교 기숙사 지하실이었다. 대원이 되면 다음 4가지의 규칙을 반드시 지켜야 했다.[25]

> 첫째, 절대로 남의 험담이나 비평을 하지 말 것
> 둘째, 일본 물건을 쓰지 말고 국산품을 애용하여 국산 장려를 일삼을 것
> 셋째, 옷고름을 달지 말고 단추를 달아 물자를 아낄 것
> 넷째, 회원들은 명주나 무명, 모시옷만 입을 것

그리고 모임이 시작되면 먼저 태극기를 펴서 경의를 표하고 나라의 독립을 구하는 기도를 했다. 마지막으로는 각각 자신을 성찰하고 서로를 비판하는 시간을 가졌다. 주요 활동은 군자금을 모아 해외에서 활동하는 독립운동 단체에 전달하는 것이었다. 이들은 여자상회를 만든다는 명목으로 머리카락, 떡, 자수 등을 팔았다. 송죽결사대 대원들은 졸업 후 혹은 다른 학교로 전근

---
25) 박화성, 앞의 책, 59~60쪽.

을 갈 경우에는 그곳에서 활동을 하면서 전국적인 조직으로 확대하려 하였다. 구체적으로는 조선 13도에 대원을 파견하여 세포조직을 통해 독립사상을 계몽했다.[26]

황애덕은 3년 동안 숭의여학교에서 교사로서 송죽결사대 책임자로서 활동하고 있는데 닥터 홀 여사가 한 번 더 의학공부를 권하였다. 이번에는 일본에서 공부를 하길 바랐다. 아버지도 적극 권하여 더 이상 거절하지 못하고 일본 유학길에 올랐다.

국내에서는 김경희를 비롯한 책임자들에 의해 활동이 계속 이루어졌다. 직접적으로 전면에 나서게 된 것은 1919년 3·1만세운동 때였다. 김경희는 중국 상해에서 파견된 김순애와 접촉하였다. 김순애는 김경희의 여동생 김애희와 친구지간이었다. 이러한 관계로 김경희는 김순애와 접촉할 수 있었다. 한편, 박현숙은 신홍식 목사와 접촉하고 있었다. 이러한 연결로 인해 송죽결사대는 평양에서 3·1운동을 주도하게 되었다. 만세 운동 이후에는 상해 임시정부를 위한 군자금 모집에 적극 나섰다. 얼마 후 송죽결사대의 핵심 요원인 안정석, 박현숙 등에 의해 평양에서 애국부인회가 조직되었다. 결국 이 항일여성운동단체는 송죽결사대의 다년간 활약에 의한 것이었다.

4. 대한민국애국부인회 조직과 활동

1) 조직과 활동

1917년 황애덕은 일본 동경의 우시고메에 있는 동경여자의학전문학교에

---

[26] 황애덕, 앞의 글, 142쪽.

입학하였다. 이 학교의 교장 요시오카는 여성운동을 한 경험이 있었기 때문에 공부하기에 적당한 학교였다. 기숙사 생활을 하는 동안 뜻이 맞는 여러 친구들과 사귈 수 있었다. 황애덕이 1년을 공부하면서 느낀 것은 적성이 맞지 않는다는 것이었다. 한번은 약냄새 때문에 졸도하기까지 하였다. 그래서 다른 길을 모색하였다.

일본에서 유학을 하면서 황애덕은 송죽결사대의 활동을 이어나갔다. 동경에서 여학생들을 중심으로 송죽결사대를 조직하고 비밀리에 모임을 가졌다. 김마리아, 나혜석, 정자영, 유영준 등이 이 모임에 참여하였다. 송형제는 주로 선배, 죽형제는 후배들로 구성했다. 일경을 피하기 위해 명부서류 대신 앨범을 만들어 각자의 사진 아래에 송(松), 죽(竹) 등으로 표시했다. 모임은 동경 간다(神田)에 있는 한인교회를 이용하다가 이 장소도 위험해서 하숙집 골방을 이용했다. 이들은 일제 비누 대신에 녹두가루를 사용한다거나 의류도 무명과 명주로 만들어 입는 등 국산품 애용에 앞장섰다.[27]

황애덕은 이들과 의기투합하여 기존 조선여자유학생친목회의 활동을 더욱 강화하였다. 조선여자유학생친목회는 1915년 4월 3일 김숙경, 김정화, 김필례, 최숙자 등의 발기로 김정식 집에서 조직되었다. 초기에 명칭은 여자친목회라고 불렀으며, 회장은 김필례가 맡았다. 『학지광』 편집부에서는 모성주의와 자유연애를 주장하던 엘렌케이처럼 이상적인 부인으로 살아가길 바란다며 여자친목회 결성을 축하했다.[28]

이듬해 정신여학교 루이스 교장이 김필례를 찾아와 정신여학교 교사로 봉직해 줄 것을 권하자 이를 받아들이고 귀국했다. 그 뒷일을 김마리아에게

---

[27] 위의 글, 142~143쪽.
[28] 윤정란, 「예술가 나혜석의 독립운동」, 『제10회 나혜석 바로 알기 심포지엄』, 2007, 102~103쪽.

맡겼다. 그래서 김마리아는 황애덕과 더불어『여자계』의 창간과 1917년 10월 17일 조선여자유학생친목회 임시총회를 개최하였다.『여자계』는 숭의여학교 동창회의 도움으로 창간할 수 있었다.29) 황애덕은『여자계』3호부터 발행인이 되어 좀 더 폭넓은 여성 대중을 위한 잡지로 만들었다. 조선여자유학생친목회에서도 김마리아와 함께 활동하였다.

이러한 동경 생활 중 제1차 세계대전 종료 후 미국 대통령 윌슨이 제시한 민족자결주의 원칙을 듣게 되었다. 전쟁을 승리로 이끈 전승국 27개국 대표들은 1919년 1월 프랑스 파리에서 강화회의를 개최하기로 결정하였다. 주도국가는 미국, 프랑스, 영국이었다. 파리강화회의에 앞서 1918년 1월 미국대통령 윌슨은 14개조의 전후 세계평화안을 제시했다. 이 제시문의 핵심은 전쟁의 원인이 제국주의 정책에서 비롯되었으며 이제 여기에서 벗어나 세계평화를 이루자는 것이었다. 이 내용 속에 모든 민족은 스스로 운명을 선택하고 결정해야 한다는 민족자결주의 원칙이 포함되어 있었다.

일본 동경에서 유학중이던 학생들은 윌슨의 민족자결주의 원칙에 크게 고무되었다. 1918년 12월 동경에서 발행되던『The Japan Advertizer』에 재미동포 이승만등을 파리강화회의의 민족대표로 파견한다는 기사가 실렸다. 학생들은 파리강화회의에 참가하는 민족대표의 힘을 실어주기 위해 민족전체가 독립을 원하고 있다는 모습을 보여주어야 한다고 생각했다.30)

이를 계기로 황애덕을 비롯한 친목회 회원들은 대규모 만세운동을 계획하였다. 일본 유학생들은 1918년 12월 29일 1차 모임에서 대대적인 민족운동을 전개하기로 결정하고 1919년 1월 6일 2차 모임을 가졌다. 황애덕은 김마리아와 함께 이 모임에 참석했다. 당시 남학생들은 여학생들과 함께 독립운동을

---

29) 박용옥,『김마리아, 나는 대한의 독립과 결혼하였다』, 홍성사, 2003, 145쪽.
30) 위의 책, 139~140쪽.

해야 한다는 자각을 하지 못했다. 그래서 황애덕은 여학생들도 당연히 참가해야 한다는 의사를 강하게 표시하였다. 황애덕의 주장으로 여학생들도 모임에서 발언권을 가질 수 있었다. 김마리아는 독립운동 자금으로 30원을 헌납하였다. 이광수에게 독립선언서를 작성하게 한 후 일문과 영문으로 번역하여 1919년 2월 8일 오전 10시에 일본의 각 대신, 의원들, 해외 각국의 대사와 공사, 조선총독부 그리고 각 언론사에 보냈다. 동일 오후 2시, 조선기독교청년회관에 약 40명의 학생들이 모인 가운데 백관수가 독립선언서, 김도연이 결의문 등을 낭독하였다. 이 자리에는 황애덕을 비롯 김마리아, 노덕신, 유영준, 박정자, 최제숙 등이 참가하였다. 이 자리에서 황애덕이 맡은 임무는 국내 여학생을 단합시켜 운동을 일으키고, 하란사를 파리평화회의에 파견하기 위한 기금 마련이었다.

김마리아는 현장에서 체포되지 않았지만 자금 30원 헌납 건으로 학교에서 연행되었다. 그는 여러 시간 취조를 받은 끝에 풀려난 후 독립선언서를 소지하고 차경신과 함께 귀국길에 올랐다.[31]

황애덕은 이들이 떠난 지 10여일 후인 2월 28일 학교에 가서 출석만 하고 곧장 일본을 떠났다. 그는 일본 여성으로 변장하고 허리띠에 비밀 서류를 넣어 히사시 머리로 틀어 올린 후 귀국길에 올랐다. 황애덕은 부산에서 기차를 타고 서울로 오자마자 박희도와 송진우를 만났다.[32] 그리고 김마리아를 만났다. 그는 황애덕에게 이화학당을 근거지로 항일여성운동단체를 조직하자고 권유하였다.

그는 동생 집에 머물러 있으면서 방태영으로부터 만세운동이 일어났다는 소식을 접하고 시위 행렬에 가담하였다. 시위대는 남대문통으로, 서대문통

---

31) 위의 책, 145~151쪽.
32) 황애덕, 앞의 글, 144쪽.

으로, 광화문통으로, 안국동에서 효자동을 지나는 거리 등 4대로 나뉘어졌다. 황애덕은 안국동에서 효자동을 지나는 시위대에 합류하였다. 그날 시위대에서 빠져 친척집에서 하루 머문 후 다음날 동생 집으로 돌아왔다.33)

다음날인 3월 2일 박인덕의 방에서 김하르논, 박승일, 신준려, 안숙자, 나혜석, 손정순, 안병석, 안병수 등과 모임을 가졌다. 김마리아가 먼저 남자들이 3월 1일 독립운동을 시작하였는데 여자쪽은 어떻게 할 것인지를 물었다. 나혜석의 신문조서에 의하면 황애덕이 첫째, 부인단체를 만들어 독립운동을 하자, 둘째 남자단체와 연락을 취하자, 셋째 남자단체에서 활동할 수 없을 때에는 여자단체가 이를 대신하여 운동하자 등을 제안하였다고 한다.34)

이 날 김마리아, 박인덕, 나혜석, 황애덕 등을 간사로 뽑고 이틀 후 4일에 다시 모임을 가지기로 하였다. 이러한 모임에서 하란사와 신마실라를 파리강화회의에 참석시키려고 한 것으로 보인다. 하란사는 이미 떠난 상태였기 때문에 신마실라를 보내려고 하였는데 문제는 여비가 없었다. 황애덕은 여비를 마련하기 위해 3월 6일 일본 여성으로 변장하고 개성, 황주, 해주, 사리원, 평양 등 각 지방의 동지들을 찾기로 했다. 기차역마다 삼엄한 경계를 하고 있어 내리지 못하고 평양으로 와서 안정석을 만났다. 이곳에서 노파로 분장하여 집집마다 찾아다니며 경비를 마련하였다. 마련한 자금을 히사시가미 속에 감추고 서울로 와서 신마실라에게 건네주었다. 그 후 동생 황인덕 집에 숨어 있다가 동년 3월 19일 나혜석의 자백으로 일경에게 체포되었다.35) 구치소에서 황애덕은 나혜석을 만나 자초지종을 듣게 되었다. 이미 동경으로 떠났다고 생각하여 말했다고 했다. 김마리아와 마찬가지로 황애덕은 독

---

33) 위의 글, 144~145쪽.
34) 국사편찬위원회,「나혜석 심문조서」,『한민족독립운동사자료집』14, 1991, 298~299쪽.
35) 박화성, 앞의 책, 81~85쪽.

방에 감금되었다. 5개월여 만에 황애덕은 내한선교사 빌링스(B. W. Billings)의 주선으로 석방되었다.[36]

황애덕은 출옥 후 일시적인 단체가 아니라 항일운동을 지속할 수 있는 단체를 만들겠다고 생각했다. 그래서 김마리아를 찾아갔다. 그도 증거 불충분으로 면소되어 석방되어 있었다. 김마리아의 소개로 정신여학교 교사인 이혜경, 장선희, 김영순, 신의경, 정신여학교 출신의 간호원 이정숙, 전도사 백신영 등과 만났다.[37]

1919년 10월 19일 16명이 정신여학교에서 미술, 음악, 영어 등을 담당하던 천미례(L. D. Miller) 여선교사의 집에서 모임을 가졌다. 김마리아가 이곳에서 지내고 있었기 때문에 병문안을 한다고 핑계되었다.

명칭은 대한민국애국부인회본부, 회장과 각 부서의 책임자를 결정하였다. 전신은 혈성단과 대조선독립애국부인회가 연합하여 만들어진 대한민국애국부인회였다. 혈성단은 장선희, 오현주, 오현관, 이정숙, 이성완 등에 의해 3·1만세운동으로 수감된 이들의 사식과 가족들의 구제 방법을 강구하기 위해 조직되었다. 이들은 정신여학교 출신들이었다. 대조선독립애국부인회는 경성여자고등보통학교 출신의 김원경과 최숙자 등의 주도로 만들어졌다. 이 두 단체가 연합하게 된 것은 상해 임시정부의 요청에 의한 것이었다. 임시정부에서 국내 부인 대표를 파견해달라고 요청을 했기 때문이다. 주요 활동은 임시정부에 군자금을 모집하여 송금하는 것이었다.[38]

회장 오현주의 활동 부진으로 세력이 약화되고 있던 와중에 김마리아를

---

[36] 황애덕, 앞의 글, 146쪽.
[37] 정신여자중학교·정신여자고등학교, 『정신백년사』 상, 정신백년사출판위원회, 1989, 338쪽.
[38] 위의 책, 327~329쪽.

중심으로 재조직된 것이 대한민국애국부인회 본부였다. 김마리아를 중심으로 한 구성원들은 부서와 임원을 새로 설치, 선정하고 상해 임시정부와 긴밀한 관계를 가졌다. 이 날 회장 김마리아, 부회장 이혜경, 총무 황애덕, 서기 신의경, 김영순, 부서기 황인덕, 교제원 오현관, 적십자장 이정숙, 윤진수, 결사장 백신영, 이성완, 재무원 장선희 등으로 선정했다. 지부는 거의 19군데에서 결성되었다. 지부와 지부장은 다음 〈표〉와 같다.39)

대한민국애국부인회 지부 일람

	지부명	지부장	가입회원수	비고(총재 오현관당시의 지부와 지부장)
1	경성지부	이정숙	약 40여 명	이정숙
2	부산지부	백신영	약 30여 명	백신영
3	대구지부	유인경	약 30여 명	
4	원산지부	이혜경	약 30여 명	이혜경
5	홍수원지부	정근신	약 20여 명	정근신
6	재령지부	김성무	약 20여 명	김성무
7	진남포지부	최매지	약 15명	최매지
8	영천지부	이삼애	약 10여 명	이삼애
9	경상남도지부	김필애	약 20여 명	김필애
10	진주지부	박보렴	약 20여 명	박보렴
11	청주지부	이순길	약 15명	이순길
12	전주지부	유보경	약 30여 명	유보경
13	군산지부	이마리아	약 30여 명	이마리아
14	황주지부	신연애	약 7, 8명	
15	사리원지부	이선행	약 10여 명	
16	평양지부	변숙경	약 30여 명	변숙경
17	함흥, 성진지부	신애균	약 40여 명	한일호/신애균
18	북간도, 제주도, 하와이		북간도 약 100여 명 제주도 약 20여 명 하와이 약 120여 명	
19	정신여학교 학생부	이아주	약 30여 명	

39) 위의 책, 329쪽.

지부 조직은 오현관이 총재를 책임지고 있을 때보다 대구, 황주, 사리원, 해외 각 지역, 정신여학교 학생부 등이 더 증가하였다. 가입 인원은 총 650여 명에 이르렀다. 김마리아는 다음과 같이 본부의 취지서를 기초하였으며, 세칙은 각 부서원들이 작성하였다.[40]

취지서

(중략) 아! 우리 부인들도 국민 중의 한 분자이다. 인권을 찾고 국권을 회복할 최대의 목표를 향하여 우리에게는 다만 전진이 있을 뿐이요, 추호의 후퇴도 용허할 수 없음이라. 국민성이 있는 부인은 용기를 분발하고 이상을 높이고 지기를 상통함으로써 공고한 단결을 도모하여야 할 것이니 일제히 찬동하여 주기를 천만 희망하는 바이다.

회칙
제1조: 본회는 대한민국애국부인회 본부라 칭한다.
제2조: 본회의 목적은 대한민국 국헌을 확장하는데 있다.
(중략)

지부규칙
제1조: 본회의 명칭은 대한민국애국부인회 지부라 한다.
제2조: 본회의 목적은 대한민국에 의무를 다함에 있다.
(하략)

이와 같이 김마리아, 황애덕을 비롯한 지식인 여성들은 처음으로 국내와

---

[40] 위의 책, 340쪽.

해외 지역 여성들을 총망라하여 거대한 여성항일단체를 결성했던 것이다. 이 조직은 상해 임시정부의 여성대표기관이었다. 임시정부에서 여성을 대표하는 발언을 할 수 있다는 의미이기도 하다. 임시정부에서 여성의 존재를 인정해준 것은 3·1만세운동 때 보여준 역량 때문이었다. 3·1만세운동은 여성들이 남성과 협력한 전개한 첫 정치운동이었다. 이를 계기로 1910년대에 비밀리에 전개한 운동이 표면화되어 대한민국애국부인회 본부 결성으로 나타났다.

본부의 모임 장소는 정신여학교의 지하실이었다. 당시 손진주 교장은 알고 있으면서도 모른 척 하고 있었다. 그래서 학교의 등사판을 이용하여 인쇄물을 작성하고 본부의 인장 및 각종 서류는 전부 지하실에 감추어 두었다. 거의 활동한지 두 달 만에 전국적인 검거 선풍이 일어났다. 회장 김마리아를 비롯한 간부 전원이 체포되었다. 그리고 그 날 밤으로 기차에 실려 대구 경찰서로 압송되었다. 겨우 두 달 밖에 활동하지 않았지만 황애덕의 대한민국애국부인회 활동은 이후 한국 여성운동의 발전에 직간접적으로 영향을 주었다.

2) 대구형무소에서의 수형생활과 여죄수에 대한 계몽 활동

대구경찰서에 도착한 후에도 황애덕을 비롯한 회원들은 만세를 외치며 계속 투쟁했다. 그곳에는 이미 인장, 서류, 등사판, 회원 명부 등이 모두 압수되어 있었다. 함께 잡혀 온 회원 여성들은 증거불충분으로 대부분 석방되고 본부의 간부들만 남았다. 김마리아와 황애덕은 심한 고문에 시달렸다. 매일 두 차례씩 불러내서 신문(訊問)을 했다. 붉게 달군 화젓가락으로 손가락 속에 넣거나 때렸으며, 팔목을 묶고 몇 시간 동안 매달아두어 정신을 잃으면 다시 내려서 물을 부어 정신이 돌아오면 또 다시 폭행을 하며 신문을 했다.

김마리아는 신문 과정에서의 혹독한 매질로 인해 고막이 찢어져서 귀가 들리지 않게 되었다.[41]

황애덕이 판결을 받은 것은 6개월 이후였다. 이렇게 오랜 시일이 걸렸던 것은 청년단원과의 관계 때문이었다. 오현주의 집 장독에 본부의 서류를 묻어 놓았는데 거기에 청년단원의 서류도 함께 있었던 것이다.[42]

황애덕이 지정받은 감방은 절도범들만 있는 곳이었다. 여감은 미결방, 절도방, 방화방, 살인방, 강간방 등으로 구분되어 있었다. 그는 적게는 20명에서 많게는 24명 정도의 절도범들과 함께 수감되었다.[43] 1주일 동안 이들과 말도 한 마디 하지 않고 먹지도 않았으며 울기만 했다. 황애덕의 눈에는 이들이 다음과 같이 비추어졌다.

> 내가 잇는 방은 절도방이엇는데 제일 고약하엿습니다. 사람들이 어떠케 더럽고 마음성이 나뿐지 서로 엇바꿔 누어 잇으면서 창자가 꿰지게 쿡쿡차고 야단이니 그 광경이야 굉장하지요. 싸홈과 욕설, 간수의 말도 듣지 않고 하루에 2, 3분씩 운동겸 소풍을 쏘이는 것 때리는 것, 밥 조꼼 주는 것 등 암만 형벌을 가하여도 듣지 않고 사람들이 어떠케 고약한지 한번은 내가 미결로 잇을 때 차입들인 옷을 입고 잇엇는데 내가 잠을 들은 줄 알고 막 코를 후비고 춤을 꽉꽉 받앗습니다.[44]

황애덕은 이런 부류의 사람들과 함께 지낸다고 생각하니 모든 것이 분하고 억울하게 만 생각되었다. 독립운동을 한다고 나섰지만 아버지의 임종도

---

41) 황애덕, 앞의 글, 147쪽.
42) 박화성, 앞의 책, 91~93쪽.
43) 「대구여감의 0141호」, 『동광』 27, 1931년 10월, 48쪽.
44) 위의 글, 49쪽.

지키지 못했으며, 학업도 끝내지 못했고, 본부의 활동도 성공하지 못한 채 발각된 것에 대한 분노였다. 황애덕은 하나님이 자신에게 형벌을 준다고 생각해서 기도를 하면서 따졌다. 기도를 통해 답을 찾은 황애덕은 먼저 자신의 주위에 있는 동포들을 돌보아야겠다고 생각했다.

그리고 자신이 멀리하던 절도범들과 마주 앉았다. 이들에게 글을 가르쳤다. 처음에 이들은 비웃었다. 그런 모습을 보고 황애덕은 크게 나무랐다. 그 때부터 글공부가 시작되었다. 각지에서는 대구형무소에 갇혀 있는 이들을 위한 동정금이 답지했다. 대구 형무소 옆에는 이들을 위한 사식을 제공하기 위해 이혜경의 언니 이자경과 은춘 어머니라는 인물이 4년 동안 고생하였다.[45]

황애덕은 감옥에서 다른 문맹 죄수들을 위한 글공부 운동을 시작했다. 다른 동지들에게도 함께 동참할 것을 주장했다. 과목은 성경, 한글, 산술 등이었다. 이외에 황애덕은 병든 이들을 위해 의학지식을 동원하여 치료해 주었다.[46]

김마리아는 1920년 5월에 보석으로 석방되었고, 황애덕은 동년 6월 29일에 판결을 언도받았다. 5년 징역형이라는 판결을 받았으나 불복 공소하여 3년을 받았다. 장선희, 김영순, 이정순 등은 2년형, 이혜경, 신의경, 백신영, 유인경 등이 1년형이었다. 공소 기각으로 서대문 감옥에서 복역하게 된 백신영, 보석으로 석방된 김마리아를 제외하고 7명이 대구 감옥에 남았다.[47] 황애덕에게 배정된 죄수번호는 0141호였다.[48]

당시의 감옥은 상상할 수 없을 정도로 겨울에는 춥고, 여름에는 덥고 냄새

---

[45] 박화성, 앞의 책, 97쪽.
[46] 위의 책, 98쪽.
[47] 위의 책, 100쪽.
[48] 『동광』, 앞의 글, 48쪽.

가 많이 났다. 결국 황애덕은 이를 견디지 못해 기절한 적도 있었다. 황애덕은 새벽에 일어나 공장에서 일한 후 저녁 늦게 감방으로 돌아오는 생활을 하였다. 하루 13시간의 고된 노동이었다. 그러면서 음식은 콩밥과 소금국이었다. 이 때 황애덕은 콩밥에 이를 다쳐서 출감한 후에도 고생했다.

공장에서 하는 일은 하루 종일 새끼줄로 만든 방석에 앉아 죄수들의 옷을 만들거나 수를 놓는 일 등이었다. 황애덕은 하루 13시간 꼼짝없이 일을 하다 보니까 무릎에 이상이 생겨서 이후에 계속 고생하였다.[49] 그가 견딜 수 없었던 것은 몸수색이었다. 혹시 죄수들이 바늘이나 실 등을 숨기지 않았는지를 확인하기 위한 절차였다. 황애덕은 이러한 절차가 너무 수치스러웠다. 자신이 왜 이러한 대접을 받아야 하는지를 생각하면서 나라를 빼앗긴 조상들을 원망하기도 했다.

황애덕의 생활은 단순하였다. 낮에는 공장에서 부역을 하고 밤에는 죄수들에게 성경, 산술, 한글 등을 가르쳤다. 그리고 꿈속에서는 성경의 묵시록에 있는 낙원에서 생활했다. 황애덕이 이러한 어려움을 견딜 수 있었던 것은 종교생활이었다. 언젠가 분명 조선을 독립시켜줄 것이라는 하나님에 대한 믿음과 희망이었다. 이러한 믿음으로 하루하루 견디어 나갔다.

죄수들은 황애덕을 선생님으로 대접하였다. 동지들과도 벽을 통해 소통하면서 바깥 정보를 입수하였다. 황애덕은 복역기간 1년을 남겨두고 모범죄수였기 때문에 김영순, 장선희 등과 함께 가출옥되었다.[50]

황애덕은 대구 감옥에서 많은 것을 깨달았다. 그동안 자신의 활동이 일반 여성대중들과는 거리가 먼 소수 지식인 중심의 운동이라는 것을 자각했던 것이다. 감옥에서 자신이 왜 이러한 못 배우고 더러운 여성들과 함께 감금생

---

[49] 위의 글, 48쪽.
[50] 박화성, 앞의 책, 105쪽.

활을 해야 하는지 이해하지를 못했다. 그래서 하나님께 간구하면서 자신을 성찰하기 시작했다. 결국은 자신의 옆에 있는 일반 여성들이 같은 한국인이라는 것을 깨달았다. 그 때부터 황애덕의 옥중생활은 달라지기 시작했다. 그동안 너무나 불쾌해서 함께 밥도 먹기 싫고 쳐다보려고 하지 않았던 이들을 교육시키기 시작하면서 함께 나아가야 할 사람들이라고 생각했다. 낮에는 공장에서 부역을 하고 밤에는 이들을 계몽하는 운동을 하기 시작했던 것이다. 감옥에서의 자각은 황애덕을 다른 삶으로 나아가게 하였다. 곧 여성계몽운동에 매진하게 했던 것이다.

5. 맺음말

황애덕이 민족운동가로서 활동할 수 있었던 것은 그의 성장배경과 깊은 연관이 있었다. 당시 대표적인 민족운동가 안창호, 조만식 등이 거주하면서 민족운동적인 분위기를 만들었던 평양에서의 성장, 굳은 신념을 가지게 했던 기독교와의 만남, 평양 최초의 여학교인 정신학교와 이화학당에서의 근대교육, 새로운 근대학문에 개방적이었던 부모님 등이 황애덕을 민족운동가로서 성장할 수 있게 한 배경이 되었다. 이러한 환경 하에서 성장한 그는 송죽결사대를 직접 조직하고, 동경 2·8독립선언식 참여, 3·1운동 참여, 그리고 대한민국애국부인회본부 활동 등에 적극적으로 앞장섰다. 황애덕은 이로 인해 대구형무소에서 3년간 옥살이를 하면서 많은 것을 배우고 경험했다.

결국 독립이 되려면 모든 일반 여성대중들도 문맹에서 벗어나야 한다는 것이었다. 즉 어떤 운동보다도 계몽운동이 앞서야 한다고 생각했다. 그래서 대구형무소에서 출소한 이후 학업을 계속하는 한편, 여성계몽운동을 적극적으로 전개하였다. 1920년대에는 태화관에서 여성교육운동, 근우회 활동, 그리고 미국 유학을 다녀온 후에는 여성농촌계몽운동에 몰두하였다. 당시 농민이 전민족의 80퍼센트에 해당되었기 때문에 농촌계몽이 가장 우선되어야 한다고 생각했다. 이 운동을 하는 한편, 여성소비운동에 많은 관심을 가지고 활동하였다. 그래서 여성소비조합운동 결성에도 많은 노력을 했다. 해방 후에는 이러한 경험을 토대로 정치운동에 나섰다. 황애덕은 초기에 독립을 위해 적극적인 항일운동에 나섰지만 대구형무소에서의 일반여성대중들과 만나면서 시급하게 해결해야 할 일은 여성계몽운동에 있다는 것을 자각하고 운동의 방법을 바꾸었던 것이다.

참고문헌

「대구여감의 0141호」, 『동광』 27, 1931년 10월.
「명문 따님 5형제 행진곡」, 『삼천리』, 1932년 2월.
국사편찬위원회, 「나혜석 심문조서」, 『한민족독립운동사자료집』 14, 1991.

노천명, 『이화 70년사』, 이화여자대학교출판부, 1956.
박용옥, 『김마리아, 나는 대한의 독립과 결혼하였다』, 홍성사, 2003.
박찬일, 『심은대로』, 신흥인쇄공사, 1968.
박화성, 『새벽에 외치다』, 휘문출판사, 1966.
숭의여자중고등학교, 『숭의 60년사』, 동아출판사, 1963.
윤정란, 「예술가 나혜석의 독립운동」, 『제10회 나혜석 바로 알기 심포지엄』, 2007.
이덕주, 『한국교회 처음여성들』, 기독교문사, 1990.
장병욱, 『한국감리교여성사』, 성광문화서, 1979.
정신여자중학교·정신여자고등학교, 『정신백년사』 상, 정신백년사출판위원회, 1989.
황신덕, 「인생역정」, 『무너지지 않는 집을』, 황신덕기념사업회, 1984.
황애덕, 「3·1운동과 여성의 활약」, 『신천지』 제1권2호, 1946년 3월.

필자소개

▎김인식▎
중앙대 다빈치교양대학 교수

▎조은경▎
독립기념관 학예연구관

▎황민호▎
숭실대 사학과 교수

▎윤정란▎
숭실대 한국기독교문화연구원 교수